教科教育学 シリーズ

家庭科教育

橋本美保 ＋ 田中智志

大竹美登利

刊行に寄せて

教職課程の授業で用いられる教科書については、さまざま出版されていますが、教科教育にかんする教科書についていえば、単発的なものが多く、ひとまとまりのシリーズとして編まれたものはないように思います。教育実践にかんする一定の見識を共有しつつ、ゆるやかながらも、一定の方針のもとにまとまっている教科教育の教科書は、受講生にとっても、また授業を担当する教員にとっても、必要不可欠であると考えます。

そこで、「新・教職課程シリーズ」の教職教養（全10巻）に続き、教科教育についても新たに教職課程用の教科書シリーズを刊行することにしました。この新しいシリーズは、教科ごとの特色を出しながらも、一定のまとまりがあり、さらに最新の成果・知見が盛り込まれた、今後の教科教育を先導する先進的で意義深い内容になっていると自負しています。

本シリーズの方針の１つは、以下のような編集上の方針です。

〇教育職員免許法に定められた各「教科教育法」の授業で使用される内容であり、基本的に基礎基本編と応用活用編に分けること。
〇初等と中等の両方（小学校にない科目を除く）の指導法を含めること。
〇教科の指導法だけではなく、各教科に密接にかかわる諸科学の最新の成果・知見を盛り込んだ、最先端の内容構成であること。
〇本書を教科書として使用する受講生が、各自、自分なりの興味関心をもって読み進められるような、工夫を行うこと。
〇原則として、全15回という授業回数に合わせた章構成とすること。

本シリーズのもう１つの方針は、教育学的な観点を有することです。教科教育の基本は学力形成ですが、どのような教科教育も、それが教育である限りその根幹にあるのは人間形成です。したがって、学力形成は人間形成と切り離されるべきではなく、学力形成と人間形成はともに支えあっています。なるほど、科学的な能力と道徳的な力とは区別されるべきですが、科学的な能力と心情的な力とは本来、結びついているのです。人間形成は、道徳的な能力の育成に収斂することではなく、心情的な力、すなわち人として世界（自然・社会・他者）と健やかにかかわる力を身につけることです。たとえば、算数を学ぶこと、国語を学ぶことは、たんに初歩的な数学、初歩的な国語学・文学の知見を、自分の願望・欲望・意図を達成する手段として身につけることではなく、世界全体と人間が健やかにかかわりあうための知見として身につけることです。たとえていえば、健やかな人間形成は家の土台であり、学力形成は建物です。土台が脆弱だったり破損していては、どんなに素敵な建物も歪んだり危険であったりします。

人間形成の核心である世界との健やかなかかわりは、私たちがこの世界から少しばかり離れることで、ほのかながら見えてきます。古代の人は、それを「絶対性」と呼んできました。絶対性は、ラテン語でabsolutus（アブソリュートゥス）、原義は「（この世俗世界）から離れる」です。あえて道徳的に考えなくても、世事の思惑や意図から自由になって自然や生命、人や文化に向き合うとき、私たちの前には、本当に大切なこと、すなわち人が世界とともに生きるという健やかなかかわりが見えてきます。

本書の編集は、家庭科教育の領域で活躍されている大竹美登利先生にお願いいたしました。教職を志すみなさんが、本書を通じて、真に人間性豊かな、よりよい教育実践の学知的な礎を築かれることを心から願っています。

監修者　橋本美保／田中智志

まえがき

現在の学校現場では、生活指導などに重点が置かれ、教科指導がなおざりにされがちであるが、教科学習を通して知を獲得していくことは学習の原点である。そのために、最低限おさえておくべき授業づくりのポイントをわかりやすく解き明かすことを目的として、本書は編纂した。本書の主たる読者は、将来、教師として家庭科を教えることをめざして、教育課程で学んでいる学生を想定している。わかりやすく、楽しく、かつ物事の本質を思考しながら、主体的に意欲的に学んでいける家庭科の授業づくりはどのようにすればよいのかを、教育の入り口を学び始めたばかりの人でもわかるように工夫した。

本書の構成は、「第１部　授業のシナリオを描く」「第２部　教材をつくる」「第３部　学びあいを保証する授業づくり」「第４部　子どもたちの実態を踏まえた授業づくり」「第５部　学習を評価する」の５つから成っている。この５つの視点は、より良い授業づくりを追求するためのポイントを示しているといえよう。

「第１部　授業のシナリオを描く」では、第１章で授業を観察して流れを確認し、第２章でそれを指導案という形に表現し、それらの積み重ねを経て第３章で年間指導計画をつくるというように、初心者でも授業のシナリオが描けるように、具体的な手順を示した。

「第２部　教材をつくる」では、授業において最も重要な要素である教材について、第４章で視覚的にわかりやすい教材力のあり方を、第５章は学びの質に影響を及ぼす教材の重要性を、第６章では科学的視点を育む実験的な教材の開発を、具体例を豊富に示しながら記述した。

「第３部　学びあいを保証する授業づくり」では、授業づくりの必須要素である「学びあい」に焦点をあて、特に家庭科で見逃せない多様な価値、参加型授業（第７章）、複数領域の連携（第８章）、交流（第９章）を取り上げた。

家庭科は生活を対象とした教科であり、したがって子どもたちの日常生活の実態を踏まえないと授業は成り立たない。生活の諸相はさまざまあるが、本書では「第４部　子どもたちの実態を踏まえた授業づくり」の中で、ユニバーサル（第10章）と貧困（第11章）という２つの重要課題を取り上げた。

家庭科の授業を担当する場合、子どもたちの学習の成果を評価することは避けて通れないし、最も教員の頭を悩ますところである。そこで、「第５部　学習を評価する」で評価の方法について、具体的な手順を含めて取り上げた。そこでは、評価が子どもたちを「値踏み」するのではなく、励まし意欲を喚起するための評価（第12章）、教員の授業改善につながる評価（第13章）という視点から取り上げた。

さらに、初心者でも授業のイメージを持ちやすいように、10の実践事例を取り上げているところが、本書の最大の特徴である。実践事例をそのまま模擬授業で利用しても良いし、これを参考に自分なりの授業をアレンジしても良いであろう。

本書が、家庭科教育の教員として巣立っていく学生や、家庭科教育に携わりより良い授業づくりをしている教員の方々、また家庭科教育に関心のある多くの皆様に愛され、活用されることを望んでいる。

終わりに、本書を作成するにあたり、我々を支援してくださった一藝社編集担当の永井佳乃様に心より感謝の意を表する。

編著者　大竹美登利

家庭科教育
Contents
もくじ

Contents

第3部　学びあいを保証する授業づくり

第4部

子どもたちの実態を踏まえた授業づくり

第5部

学習を評価する

序　章

家庭科教育への誘い

はじめに

生きるために人々が必要とする基本的な知識技術は、それぞれの国や地域の生活実態や文化によって大きな相違はないが、その具体的な内容は相違する。こうした必要な知識技術の総体をどのような教科に区分して教えているかは、それぞれの国の教育制度の歴史的経緯と深く関わっている。日本では、生活に必要な知識・技術を学ぶ教科として、現在の教育課程の誰もが学ぶ普通教育の１つの教科の中に家庭科が開設されている。家庭科は、家事・裁縫教育をルーツとし、戦後に家庭の民主化を託されてスタートし、1990年代から男女共に学ぶ教科に変化してきた歴史をもっている。こうした家庭科の歴史は、家庭科で学ぶ内容と密接に結びついている。まずは家庭科の歴史から、家庭科の特徴をみてみよう。

第1節　家庭科の歴史と教科の特徴

1. 寺子屋お針師匠による庶民が生きるために必要な知識・技術の教育

江戸時代にできた寺子屋は、それまでの支配階級の子どもたちを対象とした教育機関と相違し、町人など一般庶民を対象とした教育機関であり、日本の学校制度の始まりといわれる。家族経営である町人や農民の生業では男子はその経営に携わるために算盤の習得が必要とされ、女子は衣食住の生産に関する知識技術、特に機織り裁縫の技術の習得が必須であった。寺子屋には女子も通っていたがその数は少なく、女子はお針師匠のもとで、裁縫技術のみならず女子の修行の一切を学んでいた。

2. 明治時代の学制公布による教育制度の確立と男女別の学習体制

1872年に学制が公布され、全国民（男女）を対象とした公教育としての学校教育制度が整ったが、女子は裁縫伝習所などの私塾に通う者も多く、女子の就学率は極めて低かった。1879年に教育令、翌年に改正教育令が公布され、女子の就学率を上げることも目的に、小学校女子の科目に裁縫が正式に加えられた。1886年に小学校は尋常小学校と高等小学校の二段階になり、尋常小学校は義務化され、1907年に小学校の女子に裁縫が必修となった。

女子教育の象徴であるお茶の水女子大学の前身の官立女学校も学制が交付された1872年に設立されており、同年東京女学校となり、その後高等師範学校（現筑波大学）の女子部などを経て、1908年に女子高等師範学校となった。ここでは英語教育に加え「西洋裁縫」などが教えられていた。

1886年の中学校令により各都道府県に中学校が設立されたが、中学校は男子のみを対象とし、女子の教育は女学校や高等女学校でなされ、男女で異なる学校制度が発達していった。1891年の中学校令改正により高等女学校は中学校と同一水準の学校と認められ、以後次々と高等女学校が設立され、そこでは国語や歴史、数学、理科などの他、家事・裁縫が教えられた。

第1次世界大戦終了後（1918年）、米騒動が起こるなど生活困窮が社会問題となり、文部省の外郭団体として「生活改善同盟会」ができた。その事業の1つとして家庭女学校が設立された。しかし、西洋づくりの学校ではなく生活に密着した女子教育の場として「農村道場」「農村女塾」や都市型の「家庭寮」が各地にでき、家事などの実技を中心とした教育がなされた［常見 1980］。この時期、栄養学や衛生学などの自然科学の研究が盛んになり、1914年から家事は理科の一部（理科家事）として小学校で教えられることとなり、1919年には独立して理科家事は必修となった。このころの家事教育は日常生活の科学的解明を重視し、家事に修身的教育を加えることを排除した。

第2次世界大戦が起こり、1941年に「国民学校令」が公布され、小学校は国民学校となり、裁縫科は「芸能科裁縫」、家事科は「芸能科家事」と名称を変え、国家主義、皇道思想と結びついて、家族的国家感と家父長的家庭観にたった女子の婦徳の涵養と斎家報国の精神を目指し、「銃後を守る家庭生活いかんが、国家の荒廃を左右する」と考えられ、1942年には家事を含む実業を重視する通達が出され、「女子の勤労奉仕は裁縫にすぐるものなし」として、学校を工場化して軍服製作を課した。

3. 戦後男女平等教育の下での家庭科の誕生と男女異なる教育課程の形成

第2次世界大戦後、GHQ（General Head Quarters）が設立され、その下に置かれたCIE（Civil Information and Education Section）により、男女平等を基本とする現在の教育制度が築かれた。文部省から出された「新教育指針」で民主的家庭への変革が述べられ、1947年の学習指導要領家庭編（試案）で家庭科は新しい家庭建設の教育に位置づけられた。こうして戦後を象徴する教科として、民主的な社会建設を担う「社会科」と民主的な家庭建設を担う「家庭科」が誕生した。しかし、小学校では男子は工作的、女子は裁縫的な実技内容を学び、中学校の職業科では農業、工業、商業、水産、家政から、高等学校の実業科は農業、工業、商業、水産、家庭科から選択履修され、男女が全く同じ内容を履修していたわけではなかった。

高校の家庭科の履修率は７割程で他の科目と比較し低くはなかったが、女子全員が家事・裁縫を履修していたときと比べると低いと考えた家庭科教師は家庭科の女子必修を求める請願書を提出した。この動向に必ずしも賛意を示していなかった文部省も、1954年に女子のみ家庭科４単位必修を決め、男女平等教育の教育基本法のもとで男女異なる教育課程が成立するに至った。

米ソの科学技術競争の下で中教審は1957年に「科学技術教育の振興策」を打ち出し、中学校の職業科（含む家政）を廃止し技術科新設を提案したが、家庭科の存続を強く要望する家庭科教師の意向を受けて、「技術・家庭」（女子向き、男子向き）としてスタートした。1956年の経済白書で「もはや戦後ではない」と宣言し、所得倍増計画の提案（1960年）、東京オリンピックの開催（1964年）などを通して、日本は高度経済成長時代を迎えた。1966年の中教審答申「期待される人間像」で家庭は愛の場、いこいの場、教育の場に位置づけられ、この家庭を支える主婦の居る近代家族が形成されていった。こうした役割を担う男女の特性論に基づいて、男子は日本の工業を支える技術者として、女子は働くにしてもパートタイマー程度主に家庭を守る主婦として養成する役割を技術・家庭科が果たすこととなった。

4．国際的な男女平等への取り組みと家庭科の男女共修への展開

国連は男女平等な社会の実現に向けて、1975年を世界女性年に、それに続く10年間を「国際女性の10年」とし、1980年に「あらゆる形態の差別条約」を提案した。日本は条約に抵触する国籍法、雇用関連法、教育課程（家庭科履修の男女区別）の３つの改正を行って、1985年に条約を批准した。家庭科の問題は、高校の家庭科の学習指導要領に「女子のみ４単位必修」が明記されていたことである。1984年に「家庭科に関する検討会議」を発

足させ1985年に男女必履修する方針を確定し、1989年に学習指導要領を男女必履修に改正し、1994年入学の生徒から実施された。なお、小学校の学習内容は男女同じであったが、中学校の家庭科は「技術・家庭科（男子向き・女子向き）」として男女の学習内容が異なっていた。そこで、男子向き・女子向きをなくし、当初は各領域を選択制に、その後男女とも同様の内容を学ぶように改訂された。

このように家庭科の歴史をたどると、生活をしていくために必要な知識・技術について、初期には性別役割分業に沿って、男子は読み書き算術を、女子は裁縫を学ぶ学校が整備されてきた。第２次世界大戦後の男女平等教育を明記する教育基本法の下でも、「職業・家庭」「技術・家庭」では性別役割分業に基づいた学習が実質的になされていた。高度経済成長期でも「男は仕事、女は家庭」の近代家族における生活のあり様が求められ、技術・家庭、家庭科の学びは男女に平等に保障されてこなかった。しかし、男女平等の世界的潮流の中で、生活の学びも女子に限らず男子にも求められるようになり、家庭科は男女ともに必修の教科となった。

家庭科の男女必履修は、男女平等な教育課程を実現するためだけではない。近年は生涯未婚者や高齢期の単身世帯も増加し、生活の個人化が進み、誰もが自立できる生活力が求められている。女性も男性と同様に社会で活躍する現在では、伝統的な性別役割分業によらず、夫妻あるいは家族員が、仕事も家事・育児も共に担う必要があり、そのために誰もが生活を営む力量を身に付け、お互いを支援し合う関係に変わりつつあるといえよう。

第2節　家庭科で学ぶ「生活の営み」とは何か

家庭科は衣食住や家族・家庭といった「生活の営み」について学ぶ教科である。その生活の営みは以下のように捉えられる。

私たちが生活していくには、食べ物、着る物、住まい、水や電気など、生活に必要なさまざまなモノやサービスが必要である。自給自足の時代には、人々が寄り集まって協力しながら、生活に必要なモノやサービスのすべてを自分たちがつくり、それを使って（広義の消費）生活していた。しかし現代社会では、これら生活に必要なモノやサービスの大半を企業が生産して商品として販売し、あるいは公的機関が提供している。私たちはそれらを購入し（狭義の消費）たり受け取ったりして、さまざまな場面で役立てて（純消費）生活をしている。

1．人間的な生活を営むための多様な人間の活動

篭山は、生活は「労働」「休養」「余暇」から成り立っていることを示し、その時間配分は８・８・８が理想であると主張した［篭山 1982：142］。人は生存のために食べる、寝る、排泄、入浴などの生理的活動を行う。篭山のいう「休養」にあたる。この生理的活動を支えるために必要なモノやサービスの生産活動、すなわち衣食住の市場生産活動とそれを消費する活動（消費労働、家事労働などと称す）という労働が必須である。なお篭山のいう「労働」とは市場生産活動を指し、消費労働、家事労働は含まれない。さらに人は学習活動や芸能活動、組織的活動などの社会的文化活動を通して、人間発達を遂げ文化を創造伝達していく。篭山は消費労働や社会的文化的活動を合体させて「余暇」とした。

現在の日本で、収入を得るための労働時間がとりわけ長く、その結果死に至る過労死が社会問題になっている。過労などで生活が破壊されるのではなく、持続的に生活を維持し、それを前提として生産活動が持続する暮らし方、ワーク・ライフバランスを達成できる社会が強調されて始めている。篭山の論でいえばワークは「労働」にあたり、ライフは「休養」「余暇」にあたる。

篭山の区分では消費労働・家事労働は「労働」とは見なされないが、近年では消費労働・家事労働は労働であるという考えが主流になりつつある。例えばご飯を炊くという行為は、パックご飯やおにぎりなどの商品を生産する活動の一部であれば収入を得るための労働である。自分たちが食べる

ご飯を炊く場合には純消費のための労働であり、収入には結びつかない。前者を“paid work”、後者を“unpaid work”と呼ぶ。

“unpaid work”には、家庭内で行われる調理や裁縫、育児、介護などの家事労働だけでなく、集合住宅共用スペースの草むしりや自治会活動、子育てや介護の助け合いなど、地域コミュニティで行われる“unpaid work”も増えてきている。この“unpaid work”に費やす時間量は、お弁当やクリーニング、介護サービスの利用などの家事の外部化によるモノやサービスの購入または自分や家族員が担うという選択によって、また担い手の家事能力の高さによって、必要な時間量は相違する。また家族間で性別役割分業に基づいて分担するか否かによって、各家族員の“paid work”と“unpaid work”の労働時間量は相違する。この配分は各世帯の生活の営み方の価値観と関わり、それがワーク・ライフバランスの問題も生み出す。

2. 家計管理は「生活を営む」基本

現代社会では生活に必要なモノやサービスの大半は商品として販売されており、それを購入して利用する。したがって、収入がないと生活は営めない。全く収入がない場合は生活保護などに頼らざるを得ないが、通常は働いて収入を得る。したがって、働くことは生活を営むにあたっての基本である。またその収入の範囲内で、生活に必要なモノやサービスを購入し生活を営む。

どんなモノやサービスをどれだけ購入するかの意思決定は、一般に住いと家計を共有している世帯を単位になされるが、近年では個々人にゆだねられる部分も多い。意思決定には、ニーズかウォンツかの判断、品質や費用と使用価値の適合性、環境や安全性の判断、商品の情報の正しさの可否など、さまざまで複雑な要素を踏まえる必要がある。それらの判断が的確にできずに、しばしば消費者トラブルに巻き込まれることも多い。さらに現代社会では、環境に配慮した消費やフェアトレードの考えなど、購入を決定する際に配慮すべき事項は多い。

3. 商品を選ぶ確かな目とそれらを組み合わせ活用する能力

生活に必要なモノやサービスの大半を購入している私たち生活者（消費者）は、商品が安全で安心で豊かな生活を保障してくれるものであるかを見極め選び取り活用する能力が必要である。

例えば、科学的知識に基づいて、体に必要十分な栄養がバランスよく含まれ、安全でおいしい食べ物であることを判断し選び取る能力と、必要に応じて調理加工する技術能力が求められる。そのためには、モノの品質を的確に判断するための自然科学的な知識や思考力が求められる。家庭科ではこれら衣食住に関する知識・技術、思考力を学ぶ。

また商品経済が発達した現代社会では、金銭による購入契約が頻繁に行われる。購入の際の価格や契約などでの報告の的確な判断には社会科学的知識や思考力が求められる。特に最近ではインターネットなどでの意思に反した契約や詐欺商法などによる消費者トラブルに巻き込まれることも多く、それに対抗できる知識や判断力を個々人が持つ必要がある。

第3節　他教科との比較を通した家庭科学習の特徴

科学は人と環境との関係を分析的に捉え、かつそれらの関連を捉えながらモノの本質を見極めていく。分析的に捉える際に自然科学的な見方と社会科学的な見方に分けて捉えることが多い。しかし生活の事象は自然科学と社会科学に分かれているのではなく、それらが統合されて存在しており、したがって全体の関連性を踏まえ生活を体系的に捉える必要がある。すなわち、家庭科は自然科学的側面と社会科学的側面の両側面から本質を見極め、それらを統合して生活の中で活用する力を育む教科である。

もう１つの家庭科の特徴は、生活を営む実践力を育む教科である。家庭科では学んだ知識や技能を日常生活活動に生かされることが必要であり、したがって常に具体的な生活事象と関連させて学ぶという特徴を持っている。しばしば、理科や社会科との学びとの相違が問われるが、次の点で相違する。

例えば食品の栄養学的分析や熱や酵素などによる変化の状況は理科的学びであるが、経済や流通、文化などのさまざまな要素を踏まえて、食品を組み合わせ調理し食するまでの実践力は家庭科で学ぶ。すなわち家庭科は基礎的学問の到達点を活用しながら実践的力を身につける教科である。

また、社会科との相違を例えば消費者問題に焦点を当てると、高校社会（公民）の学習指導要領では「法や金融，消費者に関する学習の充実」を目指すと記述されているが、高校家庭科の改善の具体的事項では、「生涯にわたる生活経済や多重債務等の深刻な消費者問題……を科学的に理解させるとともに，社会の一員として生活を創造する意思決定能力を習得させる」といった多重債務問題などの具体的な学習内容を明記している。すなわち、社会科では一般化した社会の仕組みとして把握するが、家庭科では生活の場面で場面での具体的な実践を取り上げているところに特徴がある。

飯野は家庭科教育の目標を「人間のいのちとくらしを守る家庭の営みとしくみの必要条件・十分条件を知り、それにてらして現実の矛盾を捉え、それを打開する道筋がわかるようにする」ことだと述べている［飯野 1979：12-13］。そのための教授方法として、小学校を例にしているが、①やり方を知る（模倣→試行→理解）、②なぜそうするのかがわかる、③現状はどうなっているかがわかる、④なぜそうなっているかがわかる、⑤問題を解決するためにどうしたらよいかが分かる、という道筋を示している。家庭科は子どもたちの生活実態と関わらせながら学んでいくことに特徴があるといえよう。

おわりに――授業の構成要素

伊藤は教育の構成要素として「学習者（児童生徒）」「指導者（教師）」「教材（教育内容）」、そして、「目標（理念・校訓）」という４つの要素を挙げている［伊藤 2013］。さらに田中は、授業を構成する要素として、「教育目標

(何を教え、どのような学力を形成するのか)」「教材・教具（どういう教材を使うか)」「教授行為・学習形態（子どもたちにどのように動きかけるか)」「教育評価（授業行為を的確に把握できる信頼性と妥当性をもっているか)」の４つを挙げている［田中編 2008：16］。すなわち、学校教育では、学習者である児童・生徒と指導者である教師の人間関係のもとで教育が展開されるが、具体的な授業では、授業の目標（めあて）に沿って教材を作成し、それを活用しながら教師が児童・生徒に働きかける（支援する）ことで学びが展開されていく。めあてが達成されたかどうかを確認するのが評価である。

そこで本書では、授業のめあてに沿った指導計画を作成する（第１部 授業のシナリオを描く)、教材作成（第２部 教材をつくる)、教授行為・学習形態について（第３部 学びあいを保証する授業づくり、第４部 子どもたちの実態を踏まえた授業づくり）を実践事例を豊富に加えて紹介し、最後に学習評価（第５部 学習を評価する）を取り上げた。

本書から、子どもの生活に沿い、彼らの生活課題を解決できる力を育む家庭科の授業が展開されれば、幸いである。

参考文献

伊藤潮「『学校教育の構造』に関する一考察――学校の構成要素と教育的空間」『北海道文教大学論集』第14号、2013年３月、pp. 17～24

田中耕治編『よくわかる授業論』（やわらかアカデミズム〈わかる〉シリーズ）ミネルヴァ書房、2008年

篭山京『三訂新課程管理論』光生館、1982年

常見育男『家庭科教育史』(増補版）光生館、1980年

飯野こう『家庭科でなにをどう教えるか――小学校の授業』家政教育社、1979年

第1部

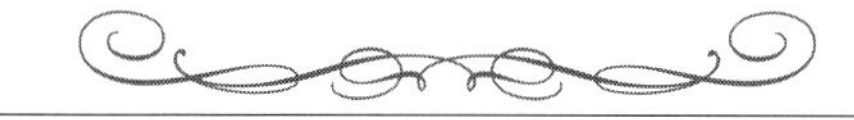

授業のシナリオを描く

第1章

授業を観察し、授業の流れを確認しよう

はじめに

授業のシナリオは、なぜ必要なのだろう。授業のシナリオを描くことで、何が変わってくるのか。授業を参観し、その授業のシナリオを作成する作業を通じて考えてみよう。

第1節　授業を観察して、プロトコル（テープ起こし）を作成しよう

1. 観察した授業のシナリオをつくってみよう

観察した授業をビデオやICレコーダーなどに記録して、その内容を活字に起こしてみよう。ビデオなどの記録では記録されにくいと思われる内容（例えば、教室の雰囲気、個々の子どもの変化、グループや学級全体としての動きなど）は、合わせてメモ（ノートティキング）を取るとよい。記録し

表1　5年生家庭科「いろいろな人の生活時間を調べよう」の導入場面

教師の発言	児童の発言
(教師が、黒板に「宿題で調べてきた、自分の休日の生活時間と家族の生活時間〈平日・休日〉を分類してみよう」と板書する) T　この間、みなさんは自分の平日の生活時間を分類しましたね。班でそれぞれ違う分類を考えてもらいました。今日は、班で考えた分類を使って、それぞれ宿題で調べてきた生活時間を分類してみよう。前回の分類を変えないで、家族の生活時間も分類するよ。	
	(教師の発言の後に、児童は班活動を始める) (1班) S1　仕事の時間があるよね？ (1班) S2　食事をつくる時間は？ (2班) S3　掃除の時間はどこに分類される？ (2班) S4　時間をどのようにまとめる？ (2班) S5　掃除の時間はどれくらい？ (3班) S7　先生、分類を変えてはいけないの？
T　勝手に分類を変更しないで、前回の分類のまま、生活時間を分類するようにしてください。	(兄弟についてはすぐに分類することができるが両親についてはどうしようか迷っている児童が多い) S8　仕事は、学校と同じ分類にできるの？この分類に仕事を入れると学校はここに入らない気がする。 S10　学校を仕事にそのまま置きかえればいい。学校を除いてしまったら意味がないよ。 S11　子どもの場合は学校が必要だけど、親の場合は学校がない。だから学校がそのまま仕事になればいいからこのままで行こう。登校時間を学校に入れたのだから仕事のときも通勤時間を入れて仕事にすればよい。

たすべての情報を活字にしてまとめてみよう。まず、活字にした内容は、時系列に教師の発言と児童・生徒の発言に分けて整理してみるとよい。児童・生徒の発言だけでなく、ノートやプリントなど学習活動の記録とも対照させてみるのもよい。

表1は、観察した授業をICレコーダーで録音し、記録された音声データを聞き取って、授業のシナリオを作成してみたものである。観察した授業内容は、5年生の家庭科で実施した「いろいろな人の生活時間を調べよう」である。授業の中での教師の発言をT（複数の教師がいる場合は、T1、T2と区別するとよい）として**表1**の左側に、児童の発言をSとして右側に

示した。教師と児童の発言が、時系列でわかるように左側に時間を示す欄を設けてもよい。教師の発言と児童の発言や活動が互いに対応して展開されていくことがわかるような配置を考えて表を作成した。

シナリオは発言だけでなく、動きや雰囲気など非言語的な要素を示しておくことで、より完成度の高いシナリオとなりうる。例えば、**表1**の（教師が、黒板に「宿題で調べてきた、自分の休日の生活時間と家族の生活時間〈平日・休日〉を分類してみよう」と板書する）などの教室の中で起こっている動きや（兄弟についてはすぐに分類することができるが両親についてはどうしようか迷っている児童が多い）など自分が読み取った児童の様子などは、記録した音声データでは確認することが難しい。従って、このような情報は、授業観察の際に取ったノートティキングの記録を基にして、シナリオの中に書き込んでおくとより授業の様子を理解することができる。また、授業において班活動が含まれる場合は、授業観察の際に、どの班からどのような意見が出ていたかを可能な範囲でノートティキングをしておくとよい。授業の音声記録を聞いた際に、どの班で話し合われていた内容なのかがわかりにくいこともある。どの班で話し合われた内容なのか区別がつくように記録しておくと、授業を分析するときに役立つことがある。

このように、授業のシナリオを作成すると、その観察した授業の流れが明確になり、授業をより深く吟味することができることがわかる。

2. 授業における教師と児童の発言に注目してみよう

表2は、**表1**の導入場面の次に続く展開場面である。この場面では、生活行動分類を「人にしてもらえる生活行動」と「人にしてもらえないもの・してもらうと意味がないもの」の２つに分けて考えさせ、自分たちで考えた生活時間の行動分類について、さらに話し合いを深める活動につなげることをねらいとしている。

表2に作成したシナリオをさらに詳しく見ていこう。教師の発言のうち何が発問で、何が説明で、何が指示であるのかについて、それぞれに分け

表2　5年生家庭科「いろいろな人の生活時間を調べよう」の展開場面

教師の発言	児童の発言
T　【指示】何が人にしてもらえる行動にはいるか、または人にしてもらえない行動になるか班で話し合ってください。	(教師の発言の後に、児童は班活動を始める)
T　【発問】分類をしていて困った行動はありましたか？	S17　仕事。 (複数の児童) 仕事は人にしてもらえない。
T　【発問】仕事は人にしてもらえない行動でいいですか？	(複数の児童) いいです。
T　【発問】人にしてもらえる行動は父さんの中にあった？	S12　お父さんが会社に行くとき、駅に行くまでの時間は人にしてもらえることだと思う。お母さんに送ってもらっているからね。
T　【説明】送ってもらうことはお母さん以外の人にしてもらえることになるけれども自分たちの場合で考えるとどうなるかな。登校時間は人にしてもらえない時間にしたことを考えると、通勤時間は人にしてもらえない行動ですね。	
T　【発問】他の人の場合は？　お母さんの場合にも人にしてもらえる行動がありそうだけれども。	S13　お母さんの場合、食事の準備が人にしてもらえる。 S15　買い物。 S16　洗濯もそう。
T　【発問】みなさんの行動の中で、人にしてもらえない行動はどんなものがありましたか？	S19　部活。 S20　遊ぶ。 S21　自転車での移動。
T　【発問】それから明日の学校の準備というのがありましたが、これはどうする？	S22　明日の準備を人にしてもらえることにしたけど、本当は、人にしてもらえないことだ。 S23　お母さんにやってといえばやってくれるけど、自分でやれることだからやっている。 S24　低学年の頃はお母さんに準備を手伝ってもらっていたけれど、最近ではじぶんでやっている。
T　【説明】年齢によって違うことがあるね。低学年やもっと小さな子は準備を手伝ってもらっているけれど、今は自分でやっていることが多い。ということはお母さんたちにとって見れば人にしてもらえる行動だけれども、自分たちにとってみれば人にしてもらうと意味のない行動だね。	

て確認してみよう。教師は、児童が何をすればよいのかわかるような【指示】をし、児童の班活動の後に、気がついたことを発言させてクラス全体で共有している。そのため、全体的に【発問】が多くなっている。教師の【発問】に対応して、児童の発言が続いている。児童の発言に対して、補足の説明が必要である場合や、この発言からもう少し考えてもらいたいという場面には、教師の【説明】やさらなる【発問】などが続いていることがわかる。このように教師の発言を分類・分析することで、教師は、児童・生徒の発言や行動に対応し、学習の目標を念頭に置きながら適切な指導言を選びとり、子どもたちの学習活動を組織しようとしていることがわかる。従って、教師の発言は、さまざまな状況を勘案しながら、いつどの場面でどのような発言をするのか、よく練られ、検討される必要があることがわかる。

また、班活動が含まれる授業においては、教師は、各班活動がスムーズに行われるように机間巡視を行い支援することが多い。**表2**の冒頭で示した箇所では、児童が話し合いを行う班活動を行っているが、そこではどのような教師と児童の発言がなされているだろうか。ある班での教師と児童の発言の一部を**表3**に示した。教師は児童の質問を受けて、すぐに【説明】をせずに、どうしてそう考えたのか理由を問うために【発問】をしている。その後、児童の思考を確認して【説明】を行った。班活動での教師と児童の発言を明確にすることで、児童がこの授業をどのように理解して

表3　班活動における教師と児童の発言

教師の発言	児童の発言（7班）
	S１　先生、食事って自由時間ではないの？
T　【発問】どうしてそう思うの？	
	S２　食べるかどうかは人の自由でしょ。
T　【説明】人にしてもらえるということは、自分が食べなくても人が食べてくれるとそれがS１の栄養になるということだよ。	
	S３　そうか。そうしたら食べることも人にしてもらうと意味のない行動になるね。

いるのかを明らかにすることができ、また、教師の支援に関わる発言についても検討することができる。

第2節　授業のシナリオの前後の流れ（単元）を確認しよう

指導の計画の全体を見通しておくことは、その1時間の授業のシナリオを作成することにも深く関わる。シナリオの前後の流れ、すなわち教科内容と教材のまとまりを単元と呼ぶ。単元を構成する際には、まず、学習指導要領や教科書などで単元のまとまりを把握してみよう。学習指導要領には学習する内容が体系的に示され、教科書には具体的にどのように授業をするのか、授業構想が描けるように紙面が工夫されている。そして、ここから、一連の学習により得られる学びが何で、そのためにどのような導入の問題設定がされているか、学んだことを相互に関連づけたり、まとめたりするのにどうすればよいかなどを考えることが必要である。この単元で中心となる知識や技術、あるいは、この教育活動を通して得られる思考力

表4　「私たちのくらしをみつめて」指導計画

指導計画（全8時間）　単元名：私たちのくらしをみつめて		
第1次	自分の生活を見つめてみよう（2時間）	親以外で自分の成長を見つめてくれた人の話を発表する。これまで成長してきた過程で多くの人が関わってくれたことを確認し、生活は多くの人の協力で成り立っていることを理解する。
第2次	自分の生活時間を調べよう（2時間）	宿題のさまざまな人々の生活時間調査から、一日の生活の中で自分がどのような生活行動をしているかを考え、その行動を班で考えた基準により分類し、自分の生活の特徴を捉えることができる。
第3次	いろいろな人の生活時間を調べよう（2時間）	私たちの生活行動は多様であり、その行動に費やしている時間は性差、年齢、社会的な立場によって異なることを理解し、なぜ違いがあるのかを考察する。
第4次	地域の人々との生活を考えよう（2時間）	地域にはどんな人が住んでいるが、それらの人々が互いに協力して暮らしていることを確認する。

や問題解決能力などを明確にしていくことで、単元の目標を見定めることができる。

また、家庭科においては、具体的で児童・生徒に身近な事例や事象が示され、学習への興味が持てるような学習の流れを工夫することが大事である。そのために、習得する内容についてより理解させるためにどのような教材を用いればよいのか、どのような学習方法が適しているかなどについて考えることも大事である。

表4に「私たちのくらしをみつめて」の指導計画を示した。この単元は、全８時間の構成になっている。第１次「自分の生活を見つめてみよう」では、自分の成長を見つめてくれた人の話しから、これまで成長してきた課程で多くの関わってくれたことを確認する。第２次「自分の生活時間を調べよう」で、生活時間調査から自分の生活行動と生活時間を確認する。第３次「いろいろな人の生活時間を調べよう」では、宿題で調べた家族の生活時間調査から、性差や年齢、社会的立場によって異なる生活時間について考察する。**表1～3**で示した授業は、この第３次の一部である。第４次「地域の人々との生活を考えよう」で地域の人々に目を向けた。まず導入で、自分に目を向け、次に自分、家族、地域の生活へと対象を広げている。自分や家族などの身近な日常生活は、客観的に捉えることが難しい。そのため、生活時間調査を教材として生活時間調査で得た結果を基に、日常の生活行動を客観的に把握し、他の家族員の生活時間と比較することで今まで気がつかなかったさまざまな気づきを引き出している。また、班活動での話し合いという学習方法により、児童が多様な意見を共有することができ、児童の主体的な学びを引き出すことができたといえよう。

おわりに――授業のシナリオから学習指導案へ

授業を参観し、テープおこしをして得られたシナリオを見てきたが、このシナリオは偶然に生まれたものではなく、事前に構想された設計図が存在している。これを学習指導案（単に指導案とも呼ぶ）と呼び、教師が授業を計画する際には、何をどのように教えるのかという見通しを持った教育活動が展開されている。また、学習指導案には、何のためにその教育活動が行われるのかという必然性が述べられることもある。学習指導案の詳細や具体的な書き方については、第２章で述べるが、ここでは、**表1～3**で見てきた教師の発言と児童・生徒の発言を記したシナリオを**表5**（次頁）に学習指導案という形で表現した。シナリオと学習指導案がどのように異なるのか見ていこう。

シナリオで示した教師の発言は、教師の指導活動や児童・生徒への働きかけがわかる内容が含まれていた。そして、児童の発言には、児童の活動や教師の働きかけへの応答についての内容が含まれている。学習指導案においては、まず授業の流れがわかるように教師や児童の発言でなく、どのような学習活動をするのかが明記される。**表5**では「学習活動」を表の左側に、「指導上の留意点」を右側に示している。

一例として、この授業の冒頭についてシナリオと学習指導案がどのように異なるかみてみよう。シナリオでは、教師が「この間、みなさんは自分の平日の生活時間を分類しましたね。班でそれぞれ違う分類を考えてもらいました。今日は、班で考えた分類を使って、それぞれ宿題で調べてきた生活時間を分類してみよう。前回の分類を変えないで、家族の生活時間も分類するよ」と発言している。学習指導案の「学習の活動」では「宿題で調べてきたいろいろな人の生活時間を班で出し合い、前時の学習で班ごとに考えた生活時間の行動分類を用いて分類する」と記述し、学習の流れだけが簡潔に明確に示されている。また、「指導上の留意点」では、「データが揃わない、重なりがある場合などは調整する」という記述が加わり、学習活動で予想される児童の行動にどのように対応するのかが記されている。

また、学習指導案の「学習活動」は、「児童の活動と予想される反応」と呼ばれることもあり、ここに予想される児童の反応を入れることもある。シナリオにある児童の発言を事前に予想しておき、それを学習活動と共に記載しておくことで、児童の実態や認識を踏まえた授業構想ができる。

表5　第3次「いろいろな人の生活時間を調べよう」の学習指導案

	学習活動　　★準備するもの	指導上の留意点
導入	いろいろな人の生活時間を集計してみよう。	前時の宿題では、父、母、小学生、中学生、祖父母のいずれかを班の中で重ならないように1人選び、生活時間調べをさせている。班の各人のデータを集めたときに多様な人々の生活時間を比較できるようにしているが、データが揃わない、重なりがある場合などは調整する。
	宿題で調べてきたいろいろな人の生活時間を班で出し合い、前時の学習で班ごとに考えた生活時間の行動分類を用いて分類する。 ・仕事の時間はある？ ・食事をつくる時間は？ ・分類を変えてはいけないの？ ・仕事は分類できないよ	
		机間巡視により分類に困っている班を支援するが、この段階では教師から分類は提示しない。また、この時点で児童がどのように行動分類を考えているか把握する。 まずは、前時で決めた4つの生活時間行動分類を変えずに分類させ、なぜこの生活行動はこの分類なのかについて理由を追究させる。
展開	さらに、①②の視点で分類させ、①②にそれぞれどのような行動が分類されたかグループで話し合う。 ①人にしてもらえるもの ②人にしてもらえないもの・してもらうと意味がないもの	①②の視点でも分類し、いろいろな人の生活時間を分類させて、班で考えた4つの生活時間分類が妥当がどうか再度考えさせる。前時でつくった行動分類は自分の生活時間を基にしているため、「仕事」の分類がないことから、「仕事」の分類について話し合う班が多くなることが予想される。
	分類をして困ったことを確認する。 ・仕事	班で分類していて困ったことなどを発表させる。
	生活行動分類がないという問題を解決するために、仕事という分類を付け加え、5つの生活行動分類で分類することを提案する。分類が定まった段階で生活時間結果比較の表に数値を記入させる。	
	★生活時間結果比較表	班の生活行動分類ごとに小学生の男女、中高生の男女、大人の男女の時間を計算する。
	各班ごとにさまざまな人々の生活時間の集計結果を比較して、それらの相違について話し合ってみよう	計算できた班から、年齢による違い・平日休日による違い・男女差による違いについて気づいたことをプリントに書き出させる。また、どうしてこのような違いがあるのかその理由についても書かせる。
まとめ	気づいたことを発表する。 ・母は家事時間が一番長い ・父は仕事の時間が長くて、家事の時間が少ない。 ・仕事もしている母は仕事と家事の両方を負担していて大変だと思います。 ・中学生は小学生より睡眠時間が短い	年齢、性別、平日・休日、社会的立場の違いによって生活時間が異なることを確認する。 なぜ生活時間このような差があるのかについて考える。

第2章

指導案を書いてみよう

はじめに

教育実習や研究授業などを行うときには指導案を書き、参観者に指導案を配る。指導案を書く目的にはいろいろな意味がある。１つ目は授業者が授業の流れをイメージし、時間配分を決める、児童・生徒が学ぶ項目を整理する、どのようなことを評価するのかを整理するなど授業を構成するためである。２つ目は授業を実践した後に授業者自身が授業について振り返るためである。これは授業の目的が児童・生徒の実態と合っていたか、授業の流れに無理はなかったかなど授業者自身が振り返り、より良い授業を目指すため活用する。３つ目は授業を参観していただく人に、授業の流れを理解してもらい、指導・助言をもらうためである。他の人に授業を見て助言をもらうために指導案には、授業者の願い、授業のねらい、授業の流れ等を書く。参観者は指導案を見て、客観的に授業の改善点を見つけ、助言をするようにする。教育実習では、必ず指導案を書き、実践する授業の流れや目的を明確にすることが求められる。

第1節　指導案を立てる

指導案に入れる項目として、①単元（題材）名②授業日時と授業者名③単元の目標④単元設定の理由（教材感）⑤児童の実態（児童感）⑥単元計画⑦本時の目標⑧本時の展開が入っている場合が多い。学校や教科によって書き方や用語の使い方が異なる場合もあるので、学校・教科の形式にあわせて作成する。

また、指導案には細案と略案がある。前述した８項目などを入れたものを細案と呼び、本時の目標と本時の展開が中心に書かれているものを略案と呼ぶ。略案とは、小規模な授業研究会や自主的な授業公開などに使われ、細案は多くの人に見てもらう公開研究会や教育実習研究授業など正式な場で用いられる。細案では前述した８項目以外にも、板書例や座席表に子どもたちの思考の変化などを書き入れる場合もあり、その授業だけを見た誰もが授業の流れを理解できるように書かれている。

1.（pp. 34～36）に小学校５年生の学習指導案例を示した。これを参考に、それぞれの項目ではどのようなことを書くのか、簡単に説明する。

学習指導案に入れる内容には以下のものがある。

①の単元名（題材名）は、どのような内容を学習するかについて書く。単元名は大きなまとまりで学習する内容「手縫いの仕方を身につけよう」などと表記することが多く、題材名には「エプロンをつくろう」といった教材そのものの名前をつけることもある。家庭科では題材名を使うことも多い。

②の授業日時と授業者の欄では、授業日時と授業者を書き、授業者の後に押印をすることで授業に対する責任の所在を示す。授業場所や授業対象者について記入することもある。

③の単元の目標では、学習指導要領に基づき具体的に単元目標を記入する。ここでは教師のねがいを書くのではなく、子どもを主体にした文章にし、子どもに身につけさせたい能力を書くことが望まれる。

④の単元設定の理由（教材感）では、単元や題材を選んだ理由とこの単元を通してどのような力を身につけさせるのか、家庭科の他の単元や他教科とのつながりを考慮して書く。また、教材に対する教師の理解などを書く場合もあるが、教材感といった別項目にすることもある。

⑤児童・生徒の実態では、この授業に至るまでに家庭科や他教科での学習経験や、児童・生徒が身につけた知識・能力を書き、本単元で身につけさせたいと考えている力について書く。「積極的に発言ができる学級である」などの学級の一般的な様子について書くのではなく、「ご飯とみそ汁を家庭でつくったことがある児童は学級の半数であるが、みそ汁を出汁から取ってつくった経験がある児童は２名である」といった家庭科の本単元に関連する日常生活の様子や学習の様子を書くようにするとよい。

⑥展開計画では、単元展開の全体像を示す。単元全体を見て、小単元ができる場合には第１次・第２次と分け、小単元の学習内容・時間数を明記する。さらに本授業が第○次の何時間目に位置づくのかも示す。

⑦本時の目標は単元の中でも本時にかかわる「関心・意欲・態度」「思考・表現」「知識・理解」「技能」の４観点から教科の目標に合わせて具体的に書く。書き方は児童を主体とした文章にする。

⑧本時の展開では、時系列に沿って展開を書く。この部分がもっとも重要なものであり、書く項目は時間・学習内容・児童・生徒の学習活動・指導上の留意点・評価などであるが、それぞれの学校によって形式が異なる。指導上の留意点では、児童・生徒の思考が課題を把握し、解決できるように教師が行うことを具体的にかつ丁寧に書くことが望ましい。評価は、本時の展開に入れる場合と、別項目の場合がある。

家庭科では調理実習や裁縫実習など、道具を使って指導することが多く、安全指導についての項目や作業進度に対する手立て、準備物も指導上の留意点に書くことが特徴として挙げられる。

1. 学習指導案例（第５学年家庭科）

（1）単元名

「お味噌汁の実を考えよう」

（2）本単元のねらい

本単元は、学習指導要領の『B　日常の食事と調理の基礎』の⑵「栄養を考えた食事」と⑶「調理の基礎」エ　米飯及びみそ汁の調理ができることを受けて設定している単元である。そのために、米飯及びみそ汁の調理に関する基礎的な調理技術を身につけるとともに、みそ汁の栄養についての知識理解を深めることをねらいとしている。特にみそ汁の調理についてはだしの取りかたや中に入れる実の切り方、味噌の香りを損なわない扱い方について理解を深めることする。

（3）単元について

これまで家庭科では、ご飯と味噌汁を調理実習の題材として用いてきた。これは、日本の伝統的な食事であるご飯と味噌汁の学習を通して、調理の基礎・栄養バランスなどを身につけさせたいと考えてきたからである。食事の役割、食品・栄養・調理などの基礎的事項を関連付けるだけでなく、身近な消費生活と環境との内容と関連させることによって、家庭生活を総合的に捉えるように配慮することまで発展させて指導することも狙っている。本単元では、味噌汁を題材とし消費生活と環境との関連させることとした。味噌汁は、家庭によってさまざまな種類の具材を使っている。また家族の好みや季節によって工夫がなされるものである。そこで具材を考える視点として、栄養・旬・価格・好み・環境を取り上げ考えさせることができると考えている。

（4）児童の実態

子どもたちは、3年生で社会科の勉強の一部として買い物学習をし、カレーづくりを行った経験がある。また消費者としての意識を育てるために、1学期に被服領域で疑似買い物学習を行ってきた。その中で、商品を選択する条件は多様であり、最後は自分の考えにより優先順位を考えることが大切であることを学んできた。今回の学習では、これまでの経験と食物の栄養バランス・フードマイレージまで意識をさせたいと考えている。特に食事については、給食での残飯が多く食事の大切さを感じてはいるが、実際の行動と結びついていない。この学習で学んだことを生活で生かすための1つのきっかけにしたいと考えている。

（5）指導計画（全8時間扱い）

次	時	ねらい	学習活動	評価基準
1	1	食事の基本的な献立について理解し、日本食の特徴を捉えることができる。	・給食の献立を使って、ご飯と組み合わされているおかずと汁物について調べる。	日本食における献立の特徴を理解しているか。（ワークシート）
	2	3大栄養素の特徴を理解しそれぞれの栄養素に含まれる食品がわかる。	・献立に含まれている食材を3色に色分けし、それぞれの栄養素の働きについて考える。	3大栄養素の働きを理解し、食材を分類することができる。（観察・発言・ワークシート）
2	1	味噌汁に使われる実と献立の関連性について理解することができる。	・献立の中の味噌汁に入っている実を調べ、季節・産地などと献立の他の食材との関連を調べる。	汁物に入れる食材と他の献立の食材の関連に気づくことができる。（ワークシート）
	2 本時	調理実習でつくる味噌汁の実を、理由を明らかにして選択することができる。	・みそ汁に入れる実をどうして選んだのか理由をつけて話し合い、決める。	産地・季節・環境への配慮など、多面的に考えることができる。（発言・観察・ワークシート）
3	1	調理実習計画を立て、時間配分に配慮することができる。	・ご飯とみそ汁の調理実習計画を立てる。	調理に必要な用具やつくり方を理解している。（ワークシート）
	2・3	ご飯の炊き方とみそ汁のつくり方がわかる。	・ご飯とみそ汁の調理実習をする。	調理に必要な用具や食器、コンロの安全と衛生に関心をもち、調理実習で実践しようとしている。（観察・ワークシート）

（6）本時の目標

・みそ汁のつくり方について理解をし、中に入れる実を何にするか、栄養バランスを考えて選ぶことができる（知識・理解）。

・みそ汁の実について、季節や地産地消などのさまざまな観点から考え選択することができる（関心・意欲・態度）。

（7）本時の展開

時間	児童の学習活動と予想される反応	指導上の留意点・評価規準
導入	1.味噌汁をつくるためにはどのようなことを考えればよいか、これまでの経験から考える。 ・季節の野菜を入れると栄養が高くなるのではないかな。 ・地元で生産している野菜を入れると地産地消になるのではないか。 ・みんなが好きな野菜を入れるとよい。 ・他の献立をみて、栄養バランスがよくなるように調節しよう。	・児童が選びやすいように、具材カードを用意しておく 例：ほうれん草（外国産・国内産） 評価規準 ・自分の食生活に関心をもち、みそ汁の実について考えようとしている。 （ワークシート・発言）
展開	**クラスでつくる味噌汁に入れる野菜を決めよう** 2.時期と予算を考えて、どのような野菜を入れたらよいかについて考える。 ・冬の時期だから、大根を入れるといいと思う。 ・豆腐とわかめの味噌汁だったら、たんぱく質と海藻を取ることができる。 ・地域で、キャベツを生産しているから、キャベツを入れたらいいのではないか。	・他教科で習ったことも使って考えることができるように助言する。 ・地産地消の考え方など、さまざまな観点が出てくるように資料を用意する。
まとめ	3.一食分の献立も考慮に入れながら、クラスでつくるみそ汁にいれる野菜を選び、調理計画を立てる。 ・今回のテーマは、冬のみそ汁として、地域でつくっているキャベツを入れたみそ汁にしよう。 ・野菜がどうしても少なくなってしまうから、野菜をたっぷりと入れて、みそ汁をつくりたい。 4.次時の課題を決める ・ご飯とみそ汁のつくり方について調べ、調理計画を立てよう。 ・どこで今日決めたみそ汁の実を買えばよいか、実際に見学に行ってみたいな。 ・児童が選びやすいように、具材カードを用意しておく	評価規準 地産地消や環境への配慮について考えることができる（観察・発言・ワークシート）。 栄養バランスについて学習したことをもとに話し合おうとしている。（発言・ワークシート） ・みそ汁の調理方法について確認をする。 ・だしの取り方やみそを入れるタイミングについて、アドバイスをする。 ・調理に必要な用具等については、次回確認をすることを伝える。 ・みそ汁に入れる実の購入は、次回相談して決めることを伝える。

第2節　授業の流れをつくる

１時間の授業は、導入・展開・まとめの大きく３段落に分かれる。導入は５～10分、展開は30分～35分、まとめは10分程度の時間が一般的である。導入は本時で行う学習課題に児童・生徒の関心をもたせ、展開は本時の学習課題について深く考えさせ、まとめは本時での学習によって明らかになったこと、わかったことをまとめ、次時の学習課題をつかませる。

導入は、主課題に対して前時からつなげるものであるから、時間をあまりかけずに行うようにする。展開は、主課題について考え、友だちとの意見交換や資料から情報を読み取る中で考えを深めさせるようにする。まとめでは自分が考えたことや友だちの意見からさらに次時に考えること、深めることを見つけ出し、課題を設定させるようにする。

授業をつくるためには、この授業を受けた後に児童・生徒がどのようなことを学んだのかを明確にしておく必要がある。授業は図1のように導入・展開・まとめの順番で流れるが、授業を考える際には、まとめにおける児童・生徒の姿を想定し、まとめにつながる展開を考え、展開を行うための主課題を設定し、さらには主課題に結びつく導入を考えるとよい。さらに授業を構想するために、子どもの実態把握を十分に行い、課題に対してどのような考えをするのか、子どもの思考の変化を予想し、授業の流れが子どもの実態とずれていないか検証する必要がある。

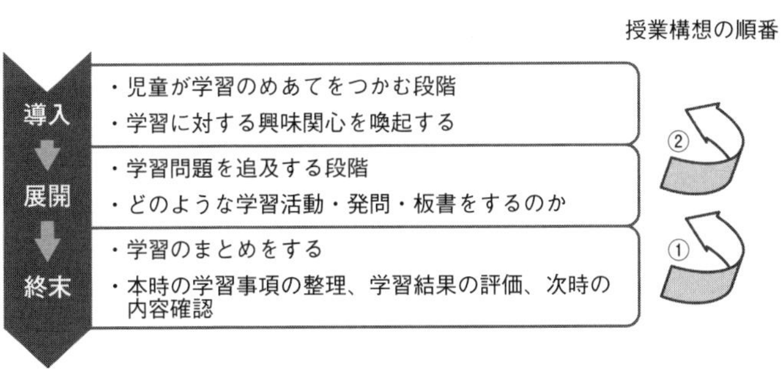

授業構想の順番

導入	・児童が学習のめあてをつかむ段階 ・学習に対する興味関心を喚起する
展開	・学習問題を追及する段階 ・どのような学習活動・発問・板書をするのか
終末	・学習のまとめをする ・本時の学習事項の整理、学習結果の評価、次時の内容確認

②（展開 → 導入）
①（終末 → 展開）

図1　授業の流れ

教師主導で授業をつくると、子どもたちの学びは少なく、学習に対する興味を失うことがある。したがって、子どもたちにとって無理のない課題を設定し、授業の流れを考え、授業をつくるように心がけるとよい。

第3節　授業のめあてを明確にする

前節の「授業の流れをつくる」でも書いたが、授業を受けた児童・生徒が授業後に本時のめあてや主課題に対する学びが保証されていなくてはならない。そのためには、授業のめあてが明確でなければ、授業の流れが変わったり、授業の主課題とまとめが合わなくなったりといったことが起きる。そのため、授業を考えるときには、本時の展開に沿った板書計画も立て、主課題とまとめの言葉が対応しているか、学習課題に対して複数の視点をもって主課題と授業の流れがあっているかをチェックするようにする。

特に教師が学ばせたいことを主体に授業のめあてを考えると、授業の流れを教師が引っ張り、学習の主体者である子どもたちは受け身になってしまう。授業の主体者は子どもたちであることを考慮し、子どもたちの思考を主体にして授業を考えるとよい。また授業では、課題に取り組ませ、学習内容を理解させるためには、教師の支援が不可欠である。教師の支援では、どのようなことをどのタイミングで行うのか、掲示物・資料等を有効活用する方法も含めて検討するようにする。

1．授業のめあてが異なり授業の流れと児童の学びが変わってしまった事例

同じ学習課題を目指した授業にもかかわらず、授業のめあてが子どもにとって理解しにくいものであったり、他の要素が入り込んだりすることで、単元全体の流れが変わり、さらには子どもの学びも変化する。ここでは小学校５年生を対象にした授業において、教師がめあてを明確にしていなかったために、授業の流れと子どもの学びが変わった実践例を示す。

2. 小学校実践「エコストアーについて考えよう」

授業は、単元名を「エコストアーについて考えよう」とし、スーパーマーケットに売られている商品から、環境への負荷の低い商品を考え、消費生活と環境との結びつきに気づかせることを目的に授業構成を行った。授業実践1・2ともに、単元計画は全6時間で設定した。小単元における時間数とめあては**表1**のとおりである。

実践例1では、教師がエコストアーという言葉を使い、「エコストアーは環境に対して負荷の低い商品が売られているお店」と設定した。そこで、「身近にあるエコストアーにどのような商品が置かれていたら、環境に対する意識が強い消費者はこのエコストアーに来て買い物をしてくれるだろう」と呼びかけ、第1次・第2次を進めた。しかし、学習課題が「エコストアーについて」というあいまいなものであったために、第2次の途中か

表1 「エコストアーについて考えよう」実践1・実践2単元計画

	実践例1	実践例2
第1次	○自分たちの身の回りにある商品をみて、どのようなものが環境にやさしいのか振り返らせる。 ○単元の課題をつかませる。 ○環境にやさしい商店で行っていると思われる活動を考え、自分たちにテーマを絞らせる。 (1時間)	○自分たちがどこのお店で何を買っているか、どうしてそのお店で買っているかを振り返らせる。 ○エコストアーのイメージを考えさせる。 ○エコストアーで扱っている商品を考えさせる。 ○スーパーマーケット見学に行くときの、見学の視点をもたせる。 (2時間)
第2次	○グループごとにテーマを絞らせ、テーマに合った活動内容を考えさせる。 ○根拠を明確にし、考えた取り組みを振り返らせる。 ○説得力のある活動内容になるように、客観的に振り返らせる。 (3時間)	○スーパーマーケットに行き、どの商品が環境にやさしいか考えさせる。 ○環境にやさしい商品と考えた理由を明確にさせる。 ○スーパーマーケットが行っている環境への取り組みを理解させる。 (2時間)
第3次	○グループごとのプレゼンテーションを行わせることによって、他のグループとの比較をさせる。 ○他のグループの発表を聞いて、自分の意見を持たせる。 ○単元全体の学びを振り返らせる。 (2時間)	○グループで自分たちが欲しいと考える、環境にやさしい商品を考えさせる。 ○グループで考えた環境にやさしい商品とその特徴を発表させ、情報交換をさせる。 ○単元全体の学びを振り返らせる。 (2時間)

表２　授業実践における児童に提示しためあてと単元最後の児童の学び

	実践１	実践２
第１次	「エコストアー」ってどんなお店か考えよう	「エコストアー」ってどんな商品を置いているお店か考えよう
第２次	「エコストアー」にするためにはどんな工夫が必要か考えよう	「お店で環境にやさしい商品を探そう」
第３次	グループが考えた「エコストアー」を伝えよう	「エコストアー」に置いてほしい商品について考えよう
児童の学び	○お店で扱っている商品について、環境に対して負荷の少ないと考える商品数を増やすことができた。 ○お店の施設や環境で、環境への負荷が低いと考えるものを考えることができた。 △環境への負荷が低いかどうかの理由を具体的に考えることができなかった。	○お店で扱っている商品について、具体的な理由をもって、環境への負荷が低いかどうかを判断するようになった。 ○商品名ではなく、「訳あり商品」などいくつかの種類が含まれる商品を考えられる様になった。

ら、子どもたちは「商品」だけでなく、エコストアーの「施設・設備面」も含めて考えるようになった。その結果、第３次終了時に児童が挙げた「環境にやさしいお店の取り組み」に対する意見には、「買い物袋の代わりにエコバックを売っている」「詰め替えのできる商品」「LED電球」「再生紙商品」「過剰包装でないもの」「ハイブリットカー等」などの商品も挙げられたが、「電気を使わない」「エアコンの温度を下げ過ぎない」「太陽光発電をつける」といった、施設の設備に注目したものも出された。したがって、何を基準として環境への負荷が低い商品かを判断し、選択するのかに対する学びを深めるという授業者の授業開発時における目的は十分に達成されない授業となった。

これに対して、実践２では授業者が「商品について考えさせる」という明確な授業のねらいをもって、第１次～第３次にわたって子どもたちに考えさせた。そのために、第３次で子どもたちが挙げた、「環境にやさしいお店で売っている商品」では、「二酸化炭素の排出が少ない商品、有機栽培などの商品、包装材を使わない商品、ばら売りの商品、訳あり商品」などを挙げ、お店の施設面に対する記述は見られなかった。さらに記述には「国産のもののほうが、輸送距離が短くて、輸送のときに二酸化炭素のでる量が少ないから」や「訳あり商品でも腐る前に安く買って、すぐに使えば捨てなくてお金も安くてとってもお得」といったものがあり、子どもたちがどうしてその商品をよいと思ったのか、具体的な理由を挙げて考えるようになったことが分かる。よって授業者がねらった、お店で扱っている商品が、どのような点で環境に負荷をかけているのかということについて、考えを深め判断項目を増やすことができたと考えられる。

例示した実践例から、児童の思考を予想し、授業のねらいがずれない学習課題の提示が必要であるといえる。さらに、授業者自身が授業を通して実につけさせたい力を明確にし、授業開発、授業実践をすることが求められる。

おわりに

指導案を書くことは、慣れるまで時間がかかり大変なことである。しかし指導案を書くことによって、自分が実践したい授業のイメージを明確にすることができ、授業の予行練習をしているのと同じである。より良い授業実践を目指して指導案を作成しよう。

引用・参考文献

石橋裕子編『小学校教育実習ガイド』萌文書林、2011年

小野恭子、大竹美登利「小学校家庭科における持続可能な開発のための教育（ESD）の授業開発」『日本家庭科教育学会誌』第57巻第２号、2014年

第3章

年間授業計画をつくってみよう

はじめに

日本では、教育目標、教育内容、学年配当、授業時数など国によって定められた公的な枠組みとして学習指導要領がある。教師は、この学習指導要領を基にして、各学校や各学年あるいは各教科でカリキュラム編成を行っている。年間指導計画は地域性や子どもの実態も踏まえながら、学期別、月別、週別ごとに作成される。

第1節　学習指導要領と年間指導計画

1998年の学習指導要領の改訂で、小学校では目標と指導内容が第５、６学年の２学年をまとめて示し、中学校では内容が３学年まとめられて、履修学年の指定がなくなり、弾力的な運用と学習内容の大綱化が進んだ。さらに、2008年の学習指導要領の改訂では、小学校と中学校の円滑な接続が求められ、小学校と中学校ともに学習内容がＡからＤの４つに統一されたことで、５年間を見通した指導がより実践しやすくなった。近年の学習指導要領の改訂は、学校や担当教員の自由裁量の幅が広がる傾向となっており、教師がこれまで以上にカリキュラムの系統性や接続性について検討することが求められている。

また、年間指導計画に基づいた指導や学習について振り返ることも教師の仕事として必要なことである。必ずしも指導計画の通りの順序で実施されるとは限らない。実際に実施した指導内容と当初の指導計画を比べ、省察することで、教師は年間指導計画の見直しをはかることが可能となる。

第2節　学びの内容と系統と順序

学習指導要領において定められた授業時数内で、学習内容をどのように配置しているのか、学期別の年間指導計画を見てみよう。年間指導計画は、一様に同じものではなく、学校や地域の実態、児童・生徒の生活実態や発達段階、教師のねがいや児童・生徒に身につけさせたい力などさまざまな要素を含みながら編まれるものである。以下に、1.学期制の違いによる年間指導計画、2.学習内容のまとまりを重視した指導計画、3.テーマ・キーワードを重視した年間指導計画の３つのタイプの年間指導計画を示した。

1. 学期制（３学期制、２学期制）の異なる場合の年間指導計画

授業時数設定の弾力化と授業日数確保のために、学期の区分を前期と後期に分ける２学期制を導入している公立小中学校は約２割（平成25年度）となっている。**表1**（次頁）に示したのは、小学校第５学年、第６学年の３学期制の場合の年間指導計画である。**表1**を２学期制の年間指導計画に改編させたのが、**表2**（p. 45）である。２学期制の年間指導計画では、第

表１　小学校（第５学年、第６学年）年間指導計画案　３学期制

月	第５学年		第６学年	
4 5	【１学期】 22時間	家庭科の学習――２年間を見通して（１時間） １　わたしと家族の生活（１時間） ２　はじめてみよう、クッキング（６時間） ①クッキングはじめの一歩 ②ゆでてみよう ③野菜をゆでておいしく食べよう ３　はじめてみよう、ソーイング（８時間） ①針と糸にチャレンジ ②楽しい小物づくり	【１学期】 22時間	１　わたしの生活時間（２時間） ①生活時間を見直そう ②共に過ごす時間をつくろう ２　いためてつくろう、朝食のおかず （８時間） ①朝食を考えよう ②いためてみよう
6 7		４　かたづけよう、身の回りの物（４時間） ①生活している場所に目を向けよう ②整理・整とんをくふうしよう ③物を生かすくふうをしよう ５　やってみよう、家庭の仕事（２時間） ①できる仕事を増やそう ②家族に協力して仕事をしよう チャレンジコーナー		３　クリーン大作戦（５時間） ①そうじのしかたを見直そう ②そうじのしかたをくふうしよう ４　暑い季節を快適に（７時間） ①すずしい住まい方をくふうしよう ②すずしい着方をくふうしよう ③洗たくをしてみよう チャレンジコーナー
9 10	【２学期】 22時間	６　わくわくミシン（11時間） ①ミシンぬいにチャレンジ ②計画を立てて、つくってみよう	【２学期】 22時間	５　楽しくソーイング（10時間） ①つくりたい物を考えよう ②計画を立てて、つくろう ③楽しく使おう
11 12		７　食べて元気に（11時間） ①なぜ食べるのか考えよう ②五大栄養素のはたらき ③３つの食品のグループとそのはたらき ④ご飯とみそしるをつくろう チャレンジコーナー		６　くふうしようおいしい食事（12時間） ①バランスのよいこんだてを考えよう ②身近な食品でおかずをつくろう ③楽しく、おいしい食事をくふうしよう チャレンジコーナー
1 2 3	【３学期】 16時間	８　じょうずに使おう、お金と物（４時間） ①わたしたちの生活とお金 ②お金の使い方を考えよう ③買い物のしかたを考えよう ９　寒い季節を快適に（７時間） ①あたたかい着方をくふうしよう ②明るく、あたたかく住まうくふう 10　家族とほっとタイム（４時間） ①楽しく団らん ②つながりを深めよう ５年生の学習をふり返り、６年生の学習へ（１時間） チャレンジコーナー	【３学期】 11時間	７　共に生きる生活（10時間） ①わたしたちの生活と地域 ②わたしの気持ちを伝えよう ③考えよう、これからの生活 成長したわたしたち 中学生に向かって（１時間）

出所：[開隆堂出版「平成27年度用／小学校家庭科 年間指導計画作成資料」] をもとに作成

表２　小学校（第５学年、第６学年）年間指導計画案　２学期制

月	第５学年		第６学年	
4 5	【前期】 27時間	家庭科の学習――２年間を見通して（１時間） １　わたしと家族の生活（１時間） ２　はじめてみよう、クッキング（６時間） ①クッキングはじめの一歩 ②ゆでてみよう ③野菜をゆでておいしく食べよう ３　はじめてみよう、ソーイング（８時間） ①針と糸にチャレンジ ②楽しい小物づくり	【前期】 23時間	１　わたしの生活時間（２時間） ①生活時間を見直そう ②共に過ごす時間をつくろう ２　いためてつくろう、朝食のおかず （８時間） ①朝食を考えよう ②いためてみよう
6 7		４　かたづけよう、身の回りの物（４時間） ①生活している場所に目を向けよう ②整理・整とんをくふうしよう ③物を生かすくふうをしよう ５　やってみよう、家庭の仕事（２時間） ①できる仕事を増やそう ②家族に協力して仕事をしよう チャレンジコーナー		３　クリーン大作戦（５時間） ①そうじのしかたを見直そう ②そうじのしかたをくふうしよう ４　暑い季節を快適に（７時間） ①すずしい住まい方をくふうしよう ②すずしい着方をくふうしよう ③洗たくをしてみよう チャレンジコーナー
9 10		６　わくわくミシン（11時間） ①ミシンぬいにチャレンジ		５　楽しくソーイング（10時間） ①つくりたい物を考えよう
11 12	【後期】 27時間	②計画を立てて、つくってみよう ７　食べて元気に（11時間） ①なぜ食べるのか考えよう ②五大栄養素のはたらき ③３つの食品のグループとそのはたらき ④ご飯とみそしるをつくろう チャレンジコーナー	【後期】 32時間	②計画を立てて、つくろう ③楽しく使おう ６　くふうしようおいしい食事 （12時間） ①バランスのよいこんだてを考えよう ②身近な食品でおかずをつくろう ③楽しく、おいしい食事をくふうしよう チャレンジコーナー
1 2 3		８　じょうずに使おう、お金と物（４時間） ①わたしたちの生活とお金 ②お金の使い方を考えよう ③買い物のしかたを考えよう ９　寒い季節を快適に（７時間） ①あたたかい着方をくふうしよう ②明るく、あたたかく住まうくふう 10　家族とほっとタイム（４時間） ①楽しく団らん ②つながりを深めよう ５年生の学習をふり返り、６年生の学習へ（１時間） チャレンジコーナー		７　共に生きる生活（10時間） ①わたしたちの生活と地域 ②わたしの気持ちを伝えよう ③考えよう、これからの生活 成長したわたしたち 中学生に向かって（１時間）

出所：［開隆堂出版「平成27年度用／小学校家庭科 年間指導計画作成資料」］をもとに作成

５学年、第６学年ともに学習内容が学期にまたがる形となっているため、このような場合は、学習内容の評価をどのようにしておくのか留意することが必要である。

2. 学習内容のまとまりを重視した年間指導計画

表3に中学校技術・家庭の家庭分野の年間指導計画を示した。小学校と中学校の家庭科の学習内容はＡからＤの４つに分かれている。第１学年から順番にＡの家族と保育の学習内容を組み込み、Ｂの食の学習内容は、第１学年と第２学年で、Ｃの衣の学習内容は、第２学年と第３学年で、２学年にわたって連続した学習内容が配置されている。また、第２学年と第３学年の冒頭ではそれぞれ調理実習と被服実習を配置しており、どちらの実習も学年の最初に位置づけていることが特徴としてあげられる。

3. テーマやキーワードを重視した年間指導計画

あるテーマやキーワードで年間指導計画を策定する場合もある。**表4**（p. 48）は生活をデザインするというキーワードで年間指導計画を立てており、**表5**（p. 49）は、持続可能な社会を生きる力を育むというテーマを重視して、Ｄの消費生活と環境の学習内容を中心した順序で年間指導計画を作成している。**表4・5**は、**表3**とは異なり、Ａ～Ｄの学習内容が必ずしもまとまって連続した形にはなっておらず、そのテーマやキーワードに沿って学習内容が編成されている。

表3　学習内容のまとまりを重視した年間指導計画

1年　35時間

週(時)	学習内容		授業時数
1	家庭分野ガイダンス		1
2	A家族・家庭と子どもの成長	1.わたしの成長と家族	1
3		2.わたしたちと家族・家庭と地域	1
4 5 6 7 8 9 10 11 12 13 14		3.幼児の生活と遊び ①幼児期ってどんな時代？ ②幼児の体の発達 ③幼児の心の発達 ④子どもの成長と家族の役割 ⑤子どもの成長と地域 ⑥幼児の遊びと発達 ⑦幼児の遊びを支える 幼児と遊ぶおもちゃづくり	11
15 16 17 18 19		4.幼児とのふれ合い ①ふれ合い体験の前に ②ふれ合い体験をする ③ふれ合い体験をふり返る	6
20		5.これからのわたしと家族	1
21 22 23 24 25 26	B食生活と自立	1.健康と食生活 ①食事について考える ②生活のリズムと食事 ③栄養素のはたらきと食品 ④中学生に必要な栄養 ⑤食事の計画	9
27 28 29 30 31 32 33 34 35		2.食品の選択と保存 ①食品が口に入るまで ②生鮮食品の選び方 ③いろいろな加工食品 ④加工食品の表示 ⑤加工食品の選び方 ⑥保存のしかたを考える ⑦食品の安全と情報	5

2年　35時間

学習内容			授業時数
B食生活と自立		3.調理をしよう ①調理の計画 ②調理の基本 ③肉の調理(しょうが焼き) ④魚の調理(さばのみそ煮) ⑤野菜の調理(筑前煮)	18
		4.地域の食材と食文化 ①地域の食材と郷土料理 地域の食材を使った調理 ②受け継がれる食文化 ③地域と世界へ目をむけて	
	生活の課題と実践	夏休みに家族の昼食をつくり、まとめたものを発表し合う	2
C衣生活・住生活と自立	1自分らしく着る・快適に着る	1.日常着の活用 ①衣服のはたらき ②自分らしく目的に合わせた着方 ③衣服の活用と選び方	8
		2.日常着の手入れ ①汚れと手入れ ②手入れと表示 いろいろな繊維 ③衣服の洗濯 ④衣服の補修とアイロンかけ	
		3.環境に配慮した衣生活	
	2快適に住まう	1.住まいのはたらき ①住まいのさまざまな役割 ②共に住まう	7
		2.安全な住まい ①住まいの安全対策 地域安全マップをつくろう ②災害への備え 3.快適な住まい ①室内の空気調節 ②住まいと音	

3年　17.5時間

学習内容			授業時数
C衣生活・住生活と自立	3生活を豊かにする物をつくる	1.わたしや家族の生活を豊かにする工夫 2.布を用いた物の製作 ①製作の前に知っておこう ②製作して、活用しよう	5
	生活の課題と実践	衣・住を中心として自分たちの生活の中から課題を見つけ、学んだことを生かし解決する	4
D身近な消費生活と環境		1.家庭生活と消費 2.商品の選択と購入 ①商品購入のプロセス ②生活情報の活用 ③商品の価格 3.よりよい消費生活のために ①消費生活のトラブルを防ごう ②消費者の権利と責任 ③消費者を支えるしくみ	5
		4.環境に配慮した生活 ①環境への影響を考える ②エネルギー消費とCO_2排出を減らす ③水を節約し、排水の汚れを減らす ④環境への影響を考えた消費生活 ⑤持続可能な社会へ向けて	3
まとめ		3年間をふり返る	0.5

出所：[開隆堂出版「平成24年度用中学校技術・家庭 家庭分野教科書資料 年間指導計画（案）」]をもとに作成

表４　生活をデザインするというキーワードを重視した年間指導計画

１年　35時間

週(時)	学習内容			授業時数
1–2	ガイダンス		技術・家庭（家庭分野）ってどんな教科？	4
3–4			生活を見つめたアンケートから学ぶ意味を考えよう	
5–6	A家族・家庭と子どもの成長	家族との生活をデザインしよう	生活空間をデザインしよう	8
7–8			時間簿で生活時間をデザインしよう	
9–10			家族との生活をデザインしよう	
11–12			家族へのオリジナル新聞を発行しよう	
13–14	D身近な消費生活と環境	消費生活をデザインしよう	買い物の達人になろう	8
15–16			消費生活について調べよう	
17–21			環境に配慮した消費生活について考えよう	
22–23	C衣生活・住生活と自立	衣生活をデザインしよう	衣服のはたらきと着こなしについて考えよう	13
24–25			衣服の手入れをするために繊維の特徴を調べよう	
26–27			上手に衣服を着こなすための手入れに挑戦しよう	
28–32			衣服の着こなしを考えた日常着を製作しよう	
33			よりよい衣生活についてまとめよう	
34–35	学年のまとめ		実践レポートに挑戦しよう	2

２年　35時間

週(時)	学習内容			授業時数
1–2	ガイダンス		家庭分野の学習をすることの意義を再確認しよう	2
3–4	C衣生活・住生活と自立	住生活をデザインしよう	みんなでつくった家族の住まい方を見つめよう	8
5–6			みんなでつくった家族の住まい方から住まいのはたらきを考えよう	
7–8			みんなでつくった家族の住まいの快適な室内環境づくりを考えよう	
9–10			よりよい住まい方についてまとめよう	
11–12	B食生活と自立	食生活をデザインしよう	中学生に必要な栄養と食事を見つめよう	19
13–29			地域の食材を生かした調理に挑戦しよう 栄養バランスを考えた調理に挑戦しよう 調理の基礎を身につけよう 食品の選び方と表示について考えよう 食品の調理性を生かした調理に挑戦しよう 栄養素のはたらきと摂取の仕方について考えよう 食品の栄養について調べよう	
30			よりよい食生活についてまとめよう	
31–33	A家族・家庭と子どもの成長	スペシャルプロジェクト	子どもの成長という観点から家族や地域とのかかわりを見つめよう	4
34–35	学年のまとめ		自主レポートに挑戦しよう	2

３年　17.5時間

週(時)	学習内容			授業時数
1–2	ガイダンス		家庭分野の学習の仕上げをしよう	2
3–4	A家族・家庭と子どもの成長	幼児との生活をデザインしよう	中学校に招待する幼児について理解を深めよう	9
5–8			幼児を中学校に招待する企画に挑戦しよう	
9–10			幼児を中学校に招待しよう	
11–12			幼児との交流から学んだことをまとめよう	
13–14		これからの家族との生活をデザインしよう	中学生として自分がどう家族とかかわっていくかを考えよう	
15–17	3年間のまとめ 卒業レポートに挑戦しよう		テーマの設定と情報収集をしよう レポートにまとめよう 卒業レポート発表会で3年間の学習を振り返ろう	4.5

出所：［開隆堂出版「平成24年度用中学校技術・家庭 家庭分野教科書資料 年間指導計画（案）」］をもとに作成

表5　持続可能な社会を生きる力を育むをテーマに編成した年間指導計画

1年　35時間

週(時)	学習内容		授業時数
1	家庭分野ガイダンス		1
2〜6	B食生活と自立	1. 健康と食生活⑤食事の計画 ①食事について考える ②生活のリズムと食事 ③栄養素のはたらきと食品 ④中学生に必要な栄養	5
7〜11		2. 食品の選択と保存 ①食品が口に入るまで ②生鮮食品の選び方 ③いろいろな加工食品 ④加工食品の表示 ⑤加工食品の選び方 ⑥保存のしかたを考える ⑦食品の安全と情報	5
12〜27		3. 調理をしよう ①調理の計画 ②調理の基本 ③肉の調理 ④魚の調理 ⑤野菜の調理	16
28〜29		4. 地域の食材と食文化 ①地域の食材と郷土料理 ②受け継がれる食文化 ③地域と世界へ目をむけて	2
30〜31		生活の課題と実践（食生活）	2
32〜33	D身近な消費生活と環境	1. 家庭生活と消費 生活に必要なものの流れ	
34〜35		4. 環境に配慮した生活 ①環境への影響を考える ②エネルギー消費とCO2排出を減らす ③水を節約し、排水の汚れを減らす	2

2年　35時間

学習内容			授業時数
A家族・家庭と子どもの成長		1. わたしの成長と家族 ①わたしの成長 ②わたしを支えてくれた家族や周囲の人びと 2. わたしたちと家族・家庭と地域 ①家庭のはたらき ②家庭生活を支える仕事 ③わたしたちの家庭生活と地域	4
		3. 幼児の生活と遊び ①幼児期ってどんな時代？ ②幼児の体の発達 ③幼児の心の発達 ④子どもの成長と家族の役割 ⑤子どもの成長と地域	8
		3. 幼児の生活と遊び ⑥幼児の遊びと発達 ⑦幼児の遊びを支える 4. 幼児とのふれ合い ①ふれ合い体験の前に ②ふれ合い体験をする ③ふれ合い体験をふり返る	5
		5. これからのわたしと家族 ①中学生と家族とのかかわり ②これからのわたしと家族との関係	2
C衣生活・住生活と自立	1自分らしく着る・快適に着る	3. 環境に配慮した衣生活 ③衣服の活用と選び方 ②自分らしく目的に合わせた着方 ①衣服のはたらき 1. 日常着の活用	5
	2快適に住まう	1. 住まいのはたらき ①住まいのさまざまな役割 ②共に住まう	2
		2. 安全な住まい ①住まいへの安全対策 ②災害への備え 3. 快適な住まい ①室内の空気調整 ②住まいと音	7
D身近な消費生活と環境		2. 商品の選択と購入 ①商品購入のプロセス ②生活情報の活用 ③商品の価格 ④販売方法と支払い方法	2

3年　17.5時間

学習内容			授業時数
C衣生活・住生活と自立	1自分らしく着る・快適に着る	2. 日常着の手入れ①汚れと手入れ ②手入れと表示 ③衣服の洗濯 ④衣服の補修とアイロンかけ 3. 環境に配慮した衣生活	5
	3生活を豊かにする物をつくる	1. わたしや家族の生活を豊かにする工夫 2. 布を用いた物の製作 ①製作の前に知っておこう ②製作して、活用しよう	6
		生活の課題と実践（衣生活・住生活）	2
D身近な消費生活と環境		3. よりよい消費生活のために ①消費生活のトラブルを防ごう ②消費者の権利と責任 ③消費者を支えるしくみ 4. 環境に配慮した生活 ④環境への影響を考えた消費生活 ⑤持続可能な社会へ向けて	4.5

出所：[開隆堂出版「平成24年度用中学校技術・家庭 家庭分野教科書資料 年間指導計画（案）」] をもとに作成

参考文献

藤江康彦「カリキュラムと授業のデザインと教師の専門性」秋田喜代美、藤江康彦『授業研究と学習過程』放送大学教育振興会、2010年、pp. 175～188

鈴木真由子「カリキュラムに『系統性』はあるのか」日本家庭科教育学会編『衣食住・家族の学びのリニューアル』明治図書、2004年、pp. 110～115

開隆堂出版「平成27年度用／小学校家庭科 年間指導計画作成資料」

▶https://www.kairyudo.co.jp/contents/01-sho/katei/h27/nenkei.pdf

開隆堂出版「平成24年度用中学校技術・家庭 家庭分野教科書資料 年間指導計画（案）」

▶http://www.kairyudo.co.jp/contents/02_chu/katei/h28/index.htm#

（URLはいずれも2015年８月１日最終アクセス）

第 2 部

教材をつくる

第4章

わかりやすく伝える教材づくり

はじめに

家庭科の授業は、学んだことが自分の生活に実践的に活かされるようになることが求められている。したがって、無理に暗記などしても、「わかった」とはならず、日常の生活に実践的に活かすことなどはできない。

「わかる」とは、すでに自分の中にある経験や知識と、新しく学んだことがつながっていくときに「わかった」と感じる。雑多に混在する頭の中の知識が、学ぶことによって整理され、科学的な裏付けがわかることで活きる知識になる。

家庭科で学ぶ内容は、自分の生活に関係があり、「わかりやすい」教科であるといえよう。しかし、社会の変化や価値観の多様化があり、自分の生活に関わる内容でも知らなかったり、経験が少なかったりする。そのため、「わかる」授業をするにはさまざまな工夫が必要とされている。

ものごとを単純化したり、やさしい言葉で表現すれば「わかりやすい授業」になるわけではない。劇作家の井上ひさしの言葉「むずかしいことをやさしく、やさしいことをふかく、ふかいことをおもしろく（後略)」は、授業にも共通する言葉である。

第1節 「モノ」に関わる学びをわかりやすくする教材

子どもたちは、社会の中においては、生産者が生産したものを購入し使用する「消費者」であり、家庭においては、親が料理した食べものを「食べる人」である場合が多い。したがって、持っている経験や知識が乏しい。たとえ情報化社会の中で知識はあっても、実感を伴った知識は少ないと思われる。そこで、授業では実物を使う工夫がされている。

また、実習では、原理・原則をきちんと学ぶと理解しやすい。

1. 実物を使う——見えないものを見えるようにする

（1）米

小学校の教科書には、稲、玄米、胚芽米、白米の写真が掲載され、「稲をかわかし、もみがらをむくとげん米になる」と記述されている。

用意する実物

稲穂、もみ米と白米（各１人１粒)

授業例

①稲穂を見せる。もみ米の殻をむいて玄米にする。

②玄米と白米を見比べる。→白米には糠層と胚芽がないことに気付く。

③糠と胚芽には炭水化物がエネルギーになる為に必要なビタミンB_1が含まれる。ビタミンについての学習の導入にする。

稲・もみ米の入手方法

稲作農家からもらう。技術科、生活科、総合的学習の時間の授業と連携し、水田やバケツなどで稲を栽培するとよい。

（2）みそづくりの原料――こうじ（麴・糀）

小学校の教科書には、味噌のつくり方が掲載されている。原料の「麴」は多くの発酵食品づくりに欠かせない。また、炊いた米に米麴を混ぜて保温すると甘酒ができる。澱粉が麴の働きで糖に変わることを実感できる。

用意する実物

「米麴」「麦麴」「豆麴」などの地域使われている麴

授業例

①みそについての授業のときに麴を見る、少し食べるなどする。麴は白くて表面にカビ状をしている。少し甘みがする。

②麴は米や大豆の炭水化物やタンパク質を分解して旨み成分などを生成させ発酵食品をつくることを学ぶ。

こうじの入手方法

特に味噌づくりに適した冬には多くのスーパーで売られている。大きなスーパーでは１年中売られている所もある。

（3）繊維原料（まゆ・綿）

糸や布を使っても、その原料である繊維は見る機会がない。実物を見る、まゆから絹糸を紡ぐ体験をさせたい。

用意する実物

まゆ、綿花

授業例

①まゆ：鍋で煮て、絹糸を紡ぐ。糸は１km以上ある。

② 綿 ：栽培する。露地でも大きな植木鉢でも育つ。実が成熟し、はじけて綿花が出てくる。綿は種の保護のために周りについた繊維。

入手方法

インターネット上で探す。

・ま　ゆ：群馬県立日本絹の里 ▶http://www.nippon-kinunosato.or.jp/

・綿の種： ▶http://www.tane4u.com/item_menka.html など

（URLはいずれも2015年８月１日最終アクセス）

2. 原理・原則をおさえる教材――「なぜそうするのか」

原理・原則をおさえ、「なぜそうするのか」をきちん伝えることで、作業の意味がわかり納得して作業するので、結果的にわかりやすい授業になる。被服実習でも調理実習でも同様である。

（１）被服製作実習で原理・原則をおさえる

日景［2009］は、実習において科学的根拠を取り入れることの有効性を研究するために、大学生の「ボタン付け」実習を対象に調査した。

１回目は各自行った。２回目は、Ａグループには「ボタン付けには６つの評価観点があり、それらはなぜそうするのか」を説明し、１回目の評価結果を伝えてからボタン付けをした。Ｂグループは説明を受けずに２回目のボタン付けをした。

その結果、Ａグループの方がＢグループより６観点の評価が高かった。Ａグループは、ボタンの機能を理解し、１回目の評価結果を知ったことで、２回目はそれらに注意してボタン付けを行ったと思われる。

評価項目は小学校家庭科教科書を参考に、①玉結びができている、②ボタンの穴に糸が３～４回かけてある、③ボタンと布の間が布１枚分浮いている、④ボタンの下で糸が固く巻けている、⑤玉どめができている、⑥布がつれていない、の計６項目とした。評価項目ごとに「できている」を１点、「できていない」を０点とした。

この調査から、実習指導では「なぜそうするのか」を説明し、かつ評価を開示することが効果的なことが明らかになった。実習回数を増やすだけではあまり効果がない。評価項目の内容は、「なぜそうするか」を説明した項目であり、作業をする際に、評価項目を意識することで、１つひとつの作業を的確に行うことができた。

実習では、作業を分解し、それぞれのポイントの原理・原則をおさえることでよりわかりやすい授業になる。

第２節　「ヒト」や「コト」に関する学びをわかりやすくする教材

家族や家庭生活、児童・保育、消費などに関する学びは、自分が日常的に関わる人間関係や生活のあり方などが学びの対象となる。それらは、抽象的でわかりにくい。また、自分の家庭のことを語ることも難しい。しかし、自分の生活を振り返ることができる教材を通して、自分の生活や考えを客観化できる。また、お互いに共通する空間を持つことで、語り合うこともできる。そのような教材として、マンガ、アニメ、絵本、写真、新聞などのメディア教材がある。

1. 絵本を教材とした授業

絵本は読み聞かせるもの

絵本の読み聞かせをしている人は、「絵本って自分で読むものではないのです。絵本は読んでもらうものなのです」と言う。読み聞かせをしてもらった教師は、「印象的だったのは人の声の力である。絵本を読む声が心地よく、教室に温かい空気が流れた」「生き生きと登場人物が動く」「自分で読んだ本がまったく違う本になって私の前に現れた」[伊深 2013] と、読み聞かせのすばらしさを語った。

《教材例１》絵本で学ぶ子どもの成長――絵本を楽しむ

・教室に100冊以上の絵本を用意した。教師自身の絵本の他に、司書教諭に頼んで近隣の図書館から多くの絵本を借りてもらう。
・授業計画
　①絵本を楽しむ（本時）
　②お気に入りの絵本を分析する
　③読み聞かせ（ゲストティーチャー）
・本時の課題「絵本は子どものためにどんな工夫がしてあるだろう」
・絵本を自由に読む。１人で読む生徒、何人かで読み聞かせをする生徒たち、ベランダで読む生徒など、絵本をゆっくりと楽しんだ。
・本時のまとめ。絵本に工夫してあることをまとめて発表した。

2. 写真を教材とした授業――フォトランゲージ

フォトランゲージは、写真を使って行う参加型の学習である。会の進行はファシリテーター（学習を援助促進する人）が行う。

絵はがき、雑誌の切り抜き、写真集の写真などを用いて、グループで話し合い、写真を読み解く。例えば、その写真からわかることを書き出す、疑問点を出す、想像するなどの活動をとおして、共感的な理解をする、ものごとの多様な捉え方に気づく等の効果がある。

《教材例２》フォトランゲージによる家族の授業

堀内 [2006] は写真集『地球家族』[マテリアルワールド・プロジェクト 1994] に掲載されている写真を用いて、世界の家族の暮らしぶりを観ることを通して、日本の、自分の家族との生活を振り返る授業を行っている。

・『地球家族』に掲載された写真は、戦禍のサラエボから、モノのあふれた日本まで、世界30カ国、その国での「中流」と呼ばれる家族の持ち物すべてを外へ持ち出して、その家族全員とカメラに収めたものである。
・「サラエボの家族」に関する授業では、民族紛争中の１枚目の写真と８年後の写真を比較して、①写真からどんなことがわかるか、②８年間に起きていた出来事や変化を予想する。③８年後の写真から、この家族は「幸せ」だと思えるかなど、初めに個人作業で気づいた事を記入した後、グループで話しあい、この家族の「８年間の物語」をまとめた。
・外国の家族について考えたのだが、授業後の感想には、自分の家族関係を振り返ってみて考えた事が多く記載されていた。

3. マンガやアニメを教材とした授業

マンガやアニメは、児童・生徒にとって親しみやすく、理解しやすい。教材として利用するときは、何をねらいとするか、資料から何を読みとらせるのか、その為の課題はどうするか、など綿密に授業計画を立てる必要がある。“おもしろかった”で終わらない授業計画が必要である。

《教材例３》DVD「ちびまる子ちゃんと学ぶお金の大切さ」３話37分

生命保険協会が幼児や小学生向けに「ちびまる子ちゃん」を起用し作成した教育用DVDである。「身近な消費生活と環境」を学習するとき、ちびまる子ちゃんのストーリーを楽しみながら、児童が自分と重ね合わせ、金融教育の基礎を学べる。テーマは「お金には限りがある」「買う前に必要性を考える」「買い物を振り返ることが大切」「計画的に貯蓄をすることが大切」等である。

このDVDは、全国の小学校や公立図書館に配られている。概要と授業での活用方法は生命保険協会ホームページに掲載されている。

《教材例４》マンガ・アニメを住まいの学習教材にする

マンガに出てくる家庭の間取り図を利用した実践例として、家がつくられた時代や間取りの異なる一般家屋３軒、「サザエさん」の磯野邸、「クレヨンしんちゃん」の野原邸、「あたしンち」のみかんの家の間取りを示し、「この３軒の家の登場人物の誰かになりきって、“ただいま”と家に帰ってきてから眠りにつくまでを鉛筆でなぞってみよう」など、動線を考えたる授業がある〔小平第三中学校〕。間取りの生活に及ぼす影響や、住まいの条件などを考える事ができる。マンガ主人公の間取り図を書いた著書もある。

4. 新聞を教材として使った授業

新聞は最新のニュースの他に、解説記事、物事の背景や経過などを長期間取材しまとめたルポルタージュなど、授業に利用できる内容が多い。

大学図書館などのOPAC（蔵書検索システム）では、キーワードを入力すれば、該当する新聞記事を検索し、読むことも印刷もできる。

《教材例５》新聞記事を使って「赤ちゃんポスト」を考える（中学３年生）

- 保育園体験、幼稚園の取り組み映像視聴後、新聞記事を使い、「赤ちゃんポスト」・幼児虐待について子どもの声を交流する授業を行った。
- 授業を終えた感想には、「虐待はいけない」という意見だけでなく、自らの体験を交えて虐待について記述したものもあった。
- 自分が育ってきた背景には周りの人々の愛情があることに気づき、感謝する生徒がほとんどであった。

5. わかりやすくする教具

(1) key word card

例) 食物繊維

・画用紙使用
・裏にマグネットを両面テープで付ける
・大きさは教室の後部から見えること

(2) 実習の段階別サンプル

〈例. ポケットの付け方〉

手にとって見てわかる各作業段階のサンプルを用意する。

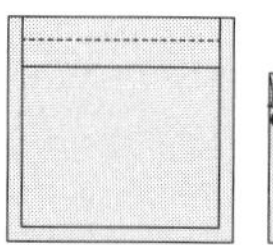
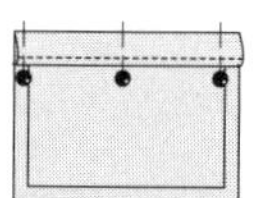
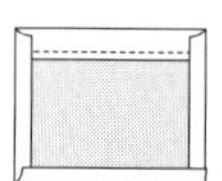

(3) 失敗例のサンプル

〈例. 表面に穴のいっぱい空いたプリン〉

加熱しすぎると穴があきます。

おわりに

わかりやすい授業ができるようになるためには、日ごろから多様なものに触れて自らを豊かにすること、日常的に「授業に使えないかな」という視点を持ち続けること、自分の中にさまざまな引き出しをつくっておくことなどが大切である。また、既存の教材を活用する場合には、家庭科の授業の意とは異なる場合があるので、充分吟味することが必要である。

参考文献

石川勝江「「赤ちゃんポスト」を考える」伊深祥子、野田知子編著『評価が変わると授業が変わる――子どもとつくる家庭科』開隆堂出版、2013年

伊深祥子「絵本で学ぶ子どもの成長」伊深祥子、野田知子編著『評価が変わると授業が変わる――子どもとつくる家庭科』開隆堂出版、2013年

影山明仁『名作マンガの間取り』ソフトバンククリエイティブ、2008年

日下部信幸ほか「繭の繊維は1000ｍ」「綿花を栽培し、糸を紡ぐ」『図解 家庭科の実験・観察・実習指導集』開隆堂出版、1997年

野田知子『食育・食農教育のための実践テキスト「食べもの」から学ぶ』明治図書、2006年

日景弥生、柏崎真理子「小・中・大学生を対象とした被服製作用語の知識の実態」『東北家庭科教育研究』第８号、2009年

堀内かおるほか『家庭科再発見』開隆堂出版、2006年

マテリアルワールド・プロジェクト（近藤真理、杉山良男訳）『地球家族――世界30か国のふつうの暮らし』TOTO出版、1994年

メンツェル，ピーター、フェイス・ダルージオ（みつじまちこ訳）『地球の食卓――世界24か国の家族のごはん』TOTO出版、2006年

小平第三中学校「健康で快適な住まいの空間」（授業者：小野有紀子）
※マンガの間取り図から動線を考える授業

▶http://www.kodaira.ed.jp/33kodaira/zyugyou/katei/katei.htm

（2015年８月１日最終アクセス）

大きなうんちと小さなうんち（中学校）

1．単元：健康と食生活（中学１年生対象）

2．単元計画（６時間）

第１次　食事について考える（1時間）
第２次　生活のリズムと食事（1時間）
第３次　栄養素の働きと食品（1時間）
第４次　中学生に必要な栄養（1時間）
第５次　食生活の課題――食物繊維の働きと必要性（1時間）〈本時〉
第６次　食事の計画（１時間）

3．教材観

近年、日本人の食物繊維の摂取量が減少している。食物繊維は人間は消化できずに排出されるため、便秘や大腸ガンを防ぐ。食物繊維の効用を学ぶことで、野菜を多く摂る必要性も理解することができる。

食物繊維は「吸収されない」食べ物のカスだと考えられていたが、近年はその必要性が広く知れ渡り、「第６番目の栄養素」といわれるようになった。そのきっかけが、医師バーキット博士（イギリス）の研究「便の滞留時間とがんの発症との関連」「食物繊維とガンの関係」の発表（1971年）である。博士は、アフリカに20年以上医療活動をしてきた。そこで気づいたのは、アフリカの農民は大腸がんなどの生活習慣病が少ないことだった。一方、排便量の多さにも気付いた。そこでアフリカ農民とイギリス人学生の排便量、消化管通過時間と食事内容を比較研究した結果、食物繊維の摂取が便秘をなくし、大腸がんなどの生活習慣病を予防することが明らかになった。

4．生徒観

野菜好きの生徒は少なく、野菜の必要性や、自分の便にも関心が薄い。

5．本時の目標

①食物繊維はどのようなものかがわかる。

②食物繊維はどのような食品に含まれているかがわかる。

③食物繊維の体内での働きがわかる。

④食物繊維について学んだことを、食生活に活かすことができる。

6．準備するもの

りんご、ジューサー、包丁、皿、掲示用カード（キーワード・図）、食品成分表、アメリカ・日本・マリ共和国の食事風景写真［メンツェル＆ダルージオ 2006］（班数分）

7．本時の授業展開〈授業シナリオ〉

学習項目	教師の活動（発問や行動）	生徒の反応活動（予想）	留意点
導入　食物繊維とは何か	・お腹すいている人はいませんか？ ・１人はりんごをむいて食べる。Ⓐ （りんご１個をジュースにする）Ⓐ （ジュースはコップ約１／２杯になる）Ⓐ ・１人にジュースを飲んでもらう。Ⓐ ・お腹いっぱいになりましたか？ ・なぜ、丸ごと食べる方が、満腹？ （ジューサーの中のカスを配る）Ⓐ ・カスを少し食べてみてください。食べた感じを言葉にしてみてください。Ⓐ ・カスはどんな形をしていますか？Ⓐ ・糸など衣服をつくる時一番基本になるものは何といいますか？ ・りんごのカスは食べ物に含まれる繊維だから食物繊維といいます（カード掲示）。 ・人間は食物繊維を消化できません。エネルギーにならず身体の外に出ます。 ・りんご１個をジュースにするとコップ半分にしかなりません。１個とコップ半分のジュースは同じエネルギー量です。 ・りんごとジュースではどちらがエネルギーの摂り過ぎになりますか？ ・食物繊維の多い食べものは肥満防止になります。	・（丸ごと）お腹いっぱいになった。 ・（ジュース）まだ２～３杯は飲める。 ・噛むから。 ・カスを食べるから。 ・ボソボソ。 ・細い。糸みたい。 ・繊維。 ・ジュースの方が摂りすぎになる。	・前時で、りんごの皮むきをして、全員一個を食べていると、なおよい。 ・噛むことの大事さも確認する ・指先に少しカスを載せ、指で拡げて形を見る。Ⓐ ・黒板にマグネット付きカードを貼る。ⒷⒸ （「板書計画」参照）
展開Ⅰ　食物繊維を多く含む食品	・どんな食品が食物繊維を多く含んでいますか？「ボソボソ」がヒントです。 ・食品成分表を使って、食物繊維の多い食品を調べてみましょう。Ⓔ ・どんな種類の食品に食物繊維が多く含まれていますか？ ・食物繊維は植物性食品と動物性食品のどちらに多く含まれていますか？	・ゴボウ、セロリなど。 ・食品成分表で調べる。 ・穀類、芋類、豆類、野菜、茸類、藻類。 ・植物性食品 ・玄米	・水溶性食物繊維のこと、動物性食品にも繊維を含むものが若干あることにも簡単にふれる。
	・玄米と精白米、食物繊維が多いのはどちらですか？ ・精白米は、玄米から食物繊維の多いぬかを取り除いたものです。昔と比べて、現代は精製されたものが多く、食物繊維を摂る量が少なくなっています。 ・「お弁当箱の歌」を歌う。Ⓑ ・日本食の食材には食物繊維が多く含まれます。	〈お弁当箱の歌〉「これっくらいのお弁当箱に、おにぎりおにぎりちょいと詰めて刻み生姜にごま塩ふって人参さんさくらんぼさん椎茸さんごぼうさん穴のあいた蓮根さん筋のとおったふーき」	

展開Ⅱ　食物繊維の体内での働き	(３つの便の絵を黒板に貼る) ⒹⒺ ・３つの便は、日本人、アメリカ人、アフリカ原住民のどの国の人の便でしょう？ ・自分の考えた国に手を挙げて下さい。日本人のもの？　アメリカ人のもの？　アフリカ原住民のもの？ ・なぜ、そう考えましたか？ ・何が便になりますか？ ・食物繊維などの食べたもので消化されなかったもの、身体の中で新しい細胞に入れ替わった古い細胞などが便になって排出されます。 ・では、便の量は、体格に関係ありますか？　食べる量に関係ありますか？　食べものの種類に関係ありますか？ ・便の大きさは、食べるものの種類の違い、食品に含まれる食物繊維の量の違いによります。 (３つの国の食事写真を配る) Ⓔ ・写真を見て、もう一度考えて下さい。一番大きな便は誰のものでしょうか？　一番小さいのは？ ・日本人はアメリカとアフリカ原住民の中間です。 ・アメリカ人や日本人にあって、アフリカ原住民にない病気があります。どんな病気でしょう？ ・心筋梗塞や糖尿病、ガンなど、生活習慣病といわれる病気です。これらの病気は、毎日食べるものや生活の仕方等との関係が大きいといわれています。 ・初めて、食物繊維を摂る量と生活習慣病の関係を明らかにしたバーキット博士は、アフリカ原住民に文明国にある生活習慣病がない事に注目、食物繊維摂取量との関係を研究しました。 ・食物繊維は、消化吸収されず水分や異物を吸着しながら腸管を通って身体の外に出て行きます。 ・食物繊維を多く摂る食事をしている人は、どんなよいことがありますか？ ・発ガン物質も速やかに体外に運び出しますので？ ・特に大腸ガンです。近頃は日本人もアメリカ型の食事をしている人が多くなり、大腸ガンになる人が増えています。	(アメリカ人の答えが一番多いと予想される) ・体が大きい ・食べる量が多い。 ・食べもののカス。 (大) アフリカ原住民 (小) アメリカ人 ・肥満？ ・便秘をしない！ ・ガンになりにくい。	・便の大きさ 大…400～500ｇ 中…200ｇ 小…100ｇ ・意見を述べさせる。 〈便の成分〉 水分70～85％、腸内細菌の死骸10～25％、食物残滓10～15％、脂　肪４～５％、腸管細胞の脱落壊死物質等４～５％ ・アメリカ、日本、マリ共和国の食生活の写真を各班に配る。 ※アメリカ、日本、マリ共和国の食生活の写真は、『地球の食卓』［メンツェル&ダルージオ 2006］をカラーコピーした。 ・排便量（バーキット博士の調査）アフリカ・ウガンダの農村、980～178ｇ、平均は470ｇ、イギリス人学生、223～39ｇ、平均104ｇ。
まとめ	・食物繊維の働きをまとめてみましょう。 〈板書（カードを貼る〉 Ⓑ 食物繊維は、①便秘を防ぐ②肥満を防ぐ③大腸ガンなどの生活習慣病になりにくくする。 ・毎日、野菜、芋、豆などの食物繊維の多い食べものを食べましょう。		〈課題〉 学んだことを家族に話し、食物繊維を摂れる改善策を考える。

わかりやすく伝える為に、次のⒶ～Ⓔの工夫をした（「本時の授業展開」にⒶ～Ⓔを記入）。

Ⓐ実感を持って理解できる授業——実物を使う・五感を使って学ぶ

Ⓑ言葉や意味など大事なことを確認できる授業——カード・歌を使う

Ⓒテンポよく進める授業——カード使用で授業を途切れさせない

授業の中での教師と生徒のやりとりの展開を板書で中断させたくない場合は、Bで述べたカードなどを使うことで、授業がテンポよく進む。

Ⓓ生徒が興味・関心を示す授業——図や実物模型

Ⓔ具体的データや事実に基づく授業――写真や調査データを使用

8．板書計画

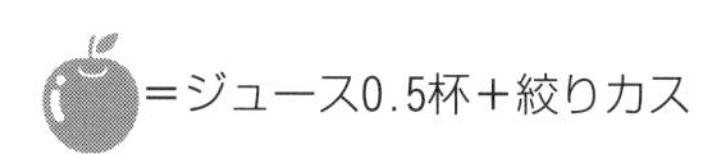

カスに多い成分：食物繊維……人間は消化できずに排出される。

エネルギーにならない

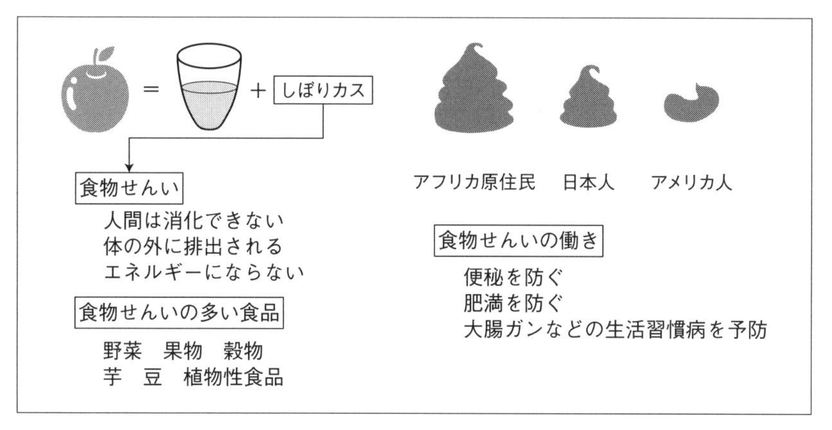

食物繊維の多い食品：主に野菜、果物、穀物、芋、豆、植物性食品

まきふん　大（400〜500ｇ）：アフリカ原住民

まきふん　中（200ｇ）：日本人

まきふん　小（100ｇ）：アメリカ人

具体的に目で見る、味わうなど五感を使って学ぶことは、わかりやすい。また、科学的知見に基づく内容を、自分の生活の中で実践的に活かすことができるような授業が必要である。

参考文献

メンツェル，ピーター、フェイス・ダルージオ（みつじまちこ訳）『地球の食卓――世界24か国の家族のごはん』TOTO出版、2006年

ごはんをガラス鍋で炊いてみよう（小学校）

1．単元計画（11時間）

第１次　どんな食品を食べているのだろう（１時間）
第２次　五大栄養素の働きと食品のグループ（１時間）
第３次　バランスのよい食事をしよう（２時間）
第４次　ごはんとみそ汁をつくろう（７時間）
　　第１時　ごはんの炊き方について理解する。
　　第２時　みそ汁のつくり方について理解する。
　　第３時　ごはんとみそ汁の実習計画を立てる。
　　第４・５時　ガラス鍋で炊飯実習　←（本時）
　　第６・７時　炊飯とみそ汁の調理実習

2．準備するもの

教師：ガラス鍋、はかり、ざる、ボール、計量カップ、ストップウォッチ、しゃもじ、さらし布
児童：米１人あたり80ｇ、エプロン、三角布、マスク

3．本時の授業展開

ガラス鍋を用いて、炊飯の際に米からどのように飯へと変化するのか、米の色、音、香りなど変化の様子を観察し、実感しながら考える。米や水の計量、吸水時間、沸騰までの所要時間、火加減、蒸らし時間を確かめながら、グループで協力して炊飯を行う。

（1）米の計量・洗米

米は、まず米用の計量カップで、正確に量るところから始まる。通常の計量カップは200ccだが、米用の計量カップは180cc（１合）であることに注意する。また、合をグラム（ｇ）に換算すると、米は何故軽くなるのかについても理解させる。

“カップ”と“合”の違い

- １カップといえば、200ccですが、１合は180ccです。
- 合は米や酒などの体積を量る単位のことです。また、1/10という意味もあり、登山の際に山の高さを表す場合にも使われています。

合をグラムに換算する場合の注意点

合は体積を量る単位であり、グラム（g）は重さを量る単位です。そのため、合からグラムに換算する場合は、量るものの比重や温度によって重さが変わります。米の場合は米粒同士の間に空間ができるので、液体に比べて軽くなるのです。

水１合＝180.39mℓ＝約180ｇ
米１合＝180.39mℓ＝約150ｇ（米の乾燥具合により、140～160ｇに変動する）

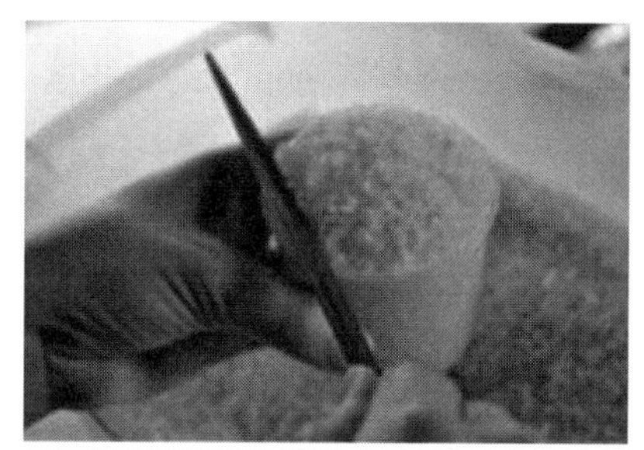
①カップ山盛りに米を入れる。

②箸などを使ってすりきり一杯を量り、余分な米を落とす。

計量した米は、糠や籾殻などを除くために洗米する。洗米中は、デンプンが溶出し、水は白濁する。また、洗米中に約10％の吸水が起こる。特に１回目の吸水率が一番高いため、米を入れた容器に、十分量の水を入れ２～３回ほどかき回したら、すぐに水を捨てる。

１回目洗米時の注意点

１回目の洗米は、ボールに入れた米に水をはり、手でグルっと２～３回ほどかき混ぜ、研がずにすぐ水を捨てます。素早く短い時間で済ませることを心がけ、米の周りに付着しているヌカを米が吸着してしまわないようにしましょう。

２回目以降は、水を入れないで米と米をこするようにかき混ぜる。これを「米

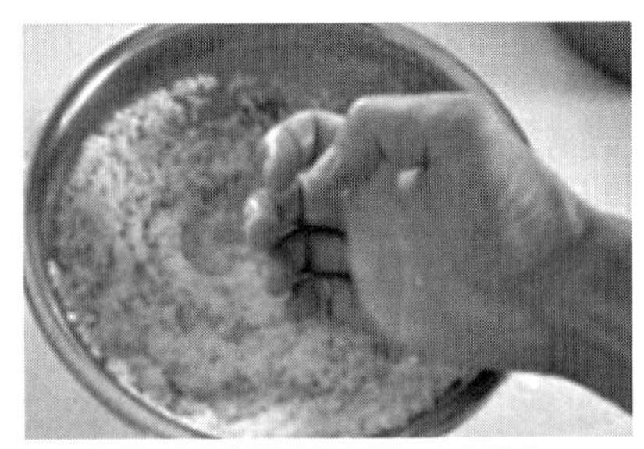
③ボールを握るような手つきで行う。

④10秒程度容器をかき回し、さっとすすぐ。

を研ぐ」という。その後水を入れ、濁った水を捨てる。

この工程を4～5回くり返す。うっすらと米が透けて見える位の透明度になればよい。

最近の米はぬかが少ないため、米が割れるほど力強く研いだり、早く回したりする必要はない。また、洗米に時間がかかると、米がとぎ汁を吸ってしまい、ヌカ臭くなることがあるため、手早く行う。無洗米の場合は、研ぐ必要はない。

洗米途中のアドバイス

・洗うときは、あまり力を入れすぎないようにしましょう。

●米って固いなぁ。
●なかなか水がきれいにならないなぁ。
●シャカシャカ研ぐのは気持ちいいね。

（2）水の計量・加水・浸漬

加水量は、米の貯蔵時間や種類などによって加減するが、通常は米の重量（g）の約1.5倍、容積（㎖）の約1.2倍で計算するのが一般的である。尚、古米の場合は、水分含有率が落ちるため、水量を若干多めにするとよい。

浸漬直後の鍋の様子（米3合分）

どんな水がいい？

お店で売られている水を使用するときは「軟水」と書かれている水を使用しましょう。水道水も軟水なので十分使えます。外国産のナチュラルミネラルウォーターなど、「硬水」と表示されている水は、炊飯のときに水に含まれるカルシウムが米のタンパク質と結合してしまうため、ご飯がパサパサになってしまいます。

芯のない飯にするために、米の内部まで吸水させるようにする。水温により異なるが、初期段階での吸水が大きいため、約30分以上は浸漬する。鍋の水高はほぼ変わらないが、吸水後は米粒が若干大きくなっている点に気付かせる。

●米粒の形が吸水して大きくなったね。
●米粒のときとご飯粒になったときでは、大きさや形も違うね。

（3）加熱

加熱はデンプンを糊化させるため、最も飯の出来映えに影響を与える作業である。大きく３段階に分けられる。

①温度上昇期

加熱開始から沸騰までの火加減は強火から中火で行い、一気に沸騰温度にまで上昇させる。鍋の変化をよく観察し、泡が出てくるなどの変化から沸騰した時点を見定める。米は80％程度の吸水とデンプンの糊化が行われている。

●白い湯気が出て、米が踊ってるよ。
●鍋の底から大きな泡がたくさん出てくるね。

②沸騰期

約５分間沸騰を継続させ、米を十分に糊化させるため、沸騰した時点で火加減はすぐに中火にする。水がなくなるのが早すぎる場合は、そうならないように火力を微調整する。

●モコモコして、ごはんのにおいがしてきたね。
●泡があふれないかなぁ。大丈夫かなぁ。

③蒸し煮期

水が米の高さより低くなった時点で火力は弱火にし、約15分間沸点温度を維持する。こうすることで、デンプンは糊化される。焦げやすいため、よく観察しながら火加減を調節する。泡が消えたら、火を止める。この段階では、まだ米粒表面は水っぽく、芯のある状態である。

●なんだか、すごくお米の量が増えた感じがするね。
●泡や水がどんどんなくなってきたよ。
●火が消えないくらいの弱火って、むずかしいね。

④蒸らし

消火後、ふたをして約15分間置く。鍋内の温度は約90℃まで下がる。この時間を経過させると、粘り成分が米粒を覆い、適度な弾力を示すようになる。

また、蒸らし終えたらただちにふたを取り、余分な水分を飛ばすために全体を軽く混ぜておく。鍋蓋についた水蒸気が水滴となり、余分な水分が米に新たに付着すると、ベタっとした食感になるため、濡らした後かたく絞ったさらしで鍋蓋を覆い、フタをしておく（写真参照）。

●お米がツヤツヤに光ってるよ。
●炊き上がったごはんに、小さな穴がたくさんあいてるよ。

〈考えた過程がわかるような言語活動充実のポイント〉

・炊飯の様子について、炊飯前に想定した米の変化の様子について、自分の言葉でワークシートに表現できるようにする。
・グループ内で、ワークシートに記載したお互いの米の変化の様子について考えたことをまとめ、再度記載できるようにする。
・グループで話し合ったことを言葉や絵、図表を用いながら学級で発表しあい、教師とおいしいごはんを炊くポイントを確認しながら、自分たちの言葉でまとめるようにする。
・実際に炊飯時によく観察しながら、固い米が柔らかいご飯になるまでの変化について、実感を伴って理解することにつながることを目指す。

〈備考〉

・ガラス鍋は加水中の米の状態を見るのに適しているが、ガラス鍋には加熱の際に生じる水蒸気を逃がす仕組みがないため、吹きこぼれることが多い。
・ガラス鍋は、文化鍋でご飯を炊く場合の加熱時間や火加減と多少異なる。

参考文献

河野友美『コツと科学の調理辞典』医歯薬出版、2001年
下村道子、和田淑子編著『調理学』光生館、2010年
渋川祥子、杉谷久仁子『調理科学』同文書院、2005年
渋川祥子、下村道子ほか『NEW調理と理論』同文書院、2011年
渋川祥子、畑井朝子編著『調理学』同文書院、2007年
日本調理科学会編『総合調理科学辞典』光生館、2003年
畑江敬子、香西みどり編著『調理学』東京化学同人、2011年
本間精一、村田容常編『食品貯蔵加工学』東京化学同人、2008年
吉田勉監修、南道子、舟木淳子編著『調理学』学文社、2013年

第5章

教材の違いで学びが違うことを体験してみよう

はじめに

家庭科の目標や内容は学習指導要領で決められている。学習指導要領に準拠して作成された教科書に掲載されている教材や実習は、あくまで例である。各学校では、教科書掲載の教材の他に、地域性や児童・生徒の実態は考慮して、教員の創意工夫により適切な教材を活用しながら学習指導が進められている。

ここでは、「適切な教材」を選ぶ3つの視点を述べる。1つは、教育力は教材により異なるということ、2つ目には、同じ教材でも、教師の指導方法によって学びが異なるということ、3つ目には、漫画やゲームを教材として利用する場合は著者・製作者の考えにより、その内容が異なり、学びも異なってくるということである。

この章では、それぞれの教材による学びの違い、教材の多様性、可能性を具体的な例を挙げて述べる。

第1節　教材の力を活かす

1．魚一尾と切り身魚の調理の学びの違い

魚一尾を使った調理実習中の出来事である。生徒が生ゴミ入れのコーナーから、まだ身が多く付いている骨を、「もったいない！」と拾って洗い、骨の身をスプーンで掻き集め始めた。捨てたものを拾って使うという行為を、周りの生徒たちも違和感なく受け入れていた。魚を触って調理する中で、魚一尾の調理から命を感じ、「もったいない」が自然に出てきたのだろう。「魚一尾の調理には、切り身魚の調理にはない力がある」のではないかと考え、一尾魚と切り身魚の調理の学びの比較研究を行った。野田・大竹〔2003〕の研究概要を紹介する。

（1）研究「魚丸ごと一尾の調理実習の授業と生徒の認識の変化」

①研究の方法

「魚丸ごと一尾」の調理実習の授業が、生徒の魚に対する認識にどのような変化を及ぼすかを知るために、「切り身魚の調理」との比較を行った。授業前後のアンケートを実施して比較分析した。また、実習中に調理台にテープレコーダーを置いて録音した生徒の会話のテープ起こし、文章化したデータからカテゴリーを抽出し分類して分析した。

②研究対象授業

「切り身魚」は「鮭のムニエル」、「魚丸ごと一尾」は「鰯の手開き・蒲焼き丼」の調理実習をした。「一尾魚」の場合は、丸ごと全部食べる方法の１つとして、「骨煎餅」をつくり、「骨も食べられる」指導を組み入れた。「食べ物の命に対する認識を促す指導」を下記の内容で行った。A. 実習で用いる食材は、塩以外はすべて命があった（食べ物の命に対する認識）、B. 他の命を食べて自分の命にして、命をつないでいく（命の連鎖）、C. 他

の命をいただくから食べ残して捨てたりせずに、可能な限りすべてを食べよう（感謝・無駄にしない）。

③結果と考察

分析の結果、次の事が明らかになった。

ⅰ.「一尾魚」の調理は魚についての関心を高める

実習中の「魚に関する会話」の割合は、「一尾魚」が68.6%、「切り身魚」は30.8%と少ない。魚の調理においては、「一尾魚」の調理の方が「切り身魚」の調理よりも、魚に対する関心を高める教材である。

ⅱ.「命を食べる」を認識する可能性が大きい

「命を食べる」認識の変化をみると、授業前は両グループともほぼ同じ割合の生徒が「命を食べている」と感じていたが、授業後は「切り身魚」では減少し（35.7%→22.9%)、「一尾魚」では増加している（33.7%→67.4%)。これは、「一尾魚」が、「切り身魚」より「命を食べる」認識をしやすい教材であり、指導により認識が深まった結果であろう。

ⅲ.「食べ物のいのちに対する認識」から「感謝・無駄にしない」へ

「自分で調理して初めて“命を食べているんだな”と思った。特に頭をとるときすごく悲しい感じで大変でした」などの「命の実感」や、「最初はかわいそうだと思ったが、最後は“ありがとう”と思えた」や「無駄にしないようにと思った」などの「感謝・無駄にしない」や、「命のつながりによって私たちは食べ物を手に入れることができるのだなと思った」などの「命つながり」の記述も、「切り身魚」より多く記述されていた。

また、「感謝・無駄にしない」に関する記述は、「普段は魚の血とかは見ないから魚の命がないように感じていたけど、今回調理をして魚の内臓や血を見て魚の命をすごく感じた。これから魚を食べるときは魚に感謝をしたいと思いました」「今日調理して、私たちは沢山の命をもらって生きているのだから、食べ物をそまつにしてはいけないのだな、と改めて感じた」のように、「命の実感」や「命のつながり」とともに記述される場合が44例中28例と多かった。

このことは、「一尾魚」の教材を使い、かつ、「食べ物の命に対する認識を促す指導」をすることにより、命を実感し、そのことが食べ物に感謝したり無駄にしないという意識や行動に結びつく可能性があるといえよう。

「一尾魚」の実習中の会話の中には、“落としたのって、どれだっけ？”“それ？　もったいないから熱湯消毒しよう”というような会話が交わされていた。

「切り身魚」では「もったいない気持ち」の会話は皆無であり、“あ！落ちちゃった”“これって、喰う気なくなんない？”“なくなる”というような「もったいない」と反対の会話例があった。

すなわち、「一尾魚」では、「もったいない」という食べ物を無駄にしない気持ちがあらわれる可能性があるといえよう。

以上、「魚の調理」の教材も、「切り身魚の調理」と「一尾魚の調理」とでは、学びが大きく異なる。「一尾魚の調理」は「食べ物のいのちに対する認識」や「命の連鎖」の認識から、「感謝・無駄にしない」という意識や行動へ発展する食物観が形成される可能性があるといえよう。

2.「教材のもつ力」を見抜く力をつける

どのような教材を使うか、適切な判断をするには、日ごろから家庭科の各領域に関して深く学んでおく必要がある。一尾魚の調理実習をすると、切り身魚の調理実習とは異なる学びがあることに気付く。小麦の調理では小麦粉をこねてうどんをつくってみよう。生地が伸びることに気付く。乾麺やスパゲティをゆでるだけでは気付かないグルテンの存在やその性質の学びに発展できる可能性がある。

教材としての力を見抜くためには、教材研究が必要である。教師自身が学ぶことで、新たな学びの可能性に気付く。授業目標も変わっていく。

第2節　指導方法による学びの違い――エプロン製作を例として

1. 同一教材でも指導によって異なる学び

同じ教材を使った授業でも、その指導方法によって児童・生徒の学びは異なる。小学校でも高校でもエプロンの製作をやった人がいる。では、そのときの授業は同じ内容だっただろうか？　ねらいはどうだっただろうか。同じ教材でも、さまざまな目標を設定することができて、指導方法も、児童・生徒の学びも異なる。

エプロン製作方法も下記のようにさまざまな方法がある。

A. 出来上がり線・縫い代線が布にプリントしてある市販教材で作る（洗えば線は消える。縫い方の手順、やり方もプリントしてある）

B. 型紙を使って自分で布に線を引きつくる

C. 身体に合わせて型紙を作る・身体に合わせて裁断する（立体裁断）

D. 半完成品（裁断済み・縫い代はロックミシンがかけてある・ひもは縫製済み）を利用し、ボタン付け、ポケットをミシンで縫い付け、すそはまつり縫いまたはミシン縫いをすれば完成する。

それぞれの方法で、何が学べるか、学べないか、次に検討してみる。

2. 学べること・学べないこと

授業時数が少なくて教師は苦慮している。それを克服する工夫をした商品が業者により開発される。すべてエプロンは完成する。Aはしるしつけの必要がないので時間短縮になる。Dは、さらに、大部分が縫われていて、ボタン付け、ポケット付け、すそかがりだけで完成する。

しかし、完成したらそれでよいのだろうか。それぞれの教材で学べるこ

表１　教材により学べること学べないこと

	A. 出来上がり線・縫い代しるしを布にプリント済み市販教材を使用	B. 型紙を布にまち針でとめ、自分で裁断し、しるしをつける	C. 身体に合わせて型紙を作る。又は身体に合わせ布を裁断する（立体裁断）	D. 半完成品の教材を購入。ボタン付け・すそかがり・ポケット付けのミシン縫いで完成
①身体の形とエプロンの形の関係（被服構成）がわかる	×	△	○	×
②縫い代の縫い方により、縫い代に必要な幅が異なることがわかる	×	○	○	×
③しるしの付け方がわかる	×	○	○	×
④縫い方がわかる	○	○	○	△
⑤目的に応じて、縫い方など創意工夫することができる	△	○	○	△
⑥製作手順を工夫し、製作の計画を立てることができる	△	○	○	×
⑦物を大切にする心が育まれる	△	○	○	△

○：十分学べる　　△：不十分だが学べる　　×：学べない

出所：筆者作成

とと学べないことを示した（表１）。

小学校学習指導要領では、「布を用いて製作する物を考え、形などを工夫し、製作計画を立てること」「目的に応じた縫い方を考えて製作し、活用できること」と記載され、中学校学習指導要領では「布を用いた物の製作を通して、生活を豊かにするための工夫ができること」「課題をもって衣生活又は住生活について工夫し、計画を立てて実践できること」と書かれている。

外国の安い労働力に頼った市販の完成したエプロンは、エプロン製作のために購入する布の代金より安価かもしれない。それでも授業でつくる価値があると判断するから、教師は教材に選ぶ。それは、「エプロンを完成させる」ことも大事な目標だが、さらに大事なのは、つくる過程で学ぶことが多いからである。エプロンのつくり方がわかる以外に、「計画を立てることができる」「創意工夫することができる」などは、エプロン製作に限らず、物事に取り組むときのあらゆる場面で役に立つ学びである。また、苦労してつくることで育まれる「物を大切にする心」は、生きる上で大切な心である。

また、「いらなくなったシャツを利用して作る」場合は、創意工夫が必要になり、リサイクルの意味を考える。「贈る人を決めて作る」などの取り組みをするならば、相手のことを考えて作るためより真剣に作るだろうし、相手のことを考えた工夫をすることができる。

このように、同じ教材でも指導方法によって学べることが異なる。教師は、何を学ばせるか、どんな力を付ける必要があるのか、を考えて、どのような方法をとればよいか、検討する必要がある。

第3節　著者・製作者の考えによる内容の違いと学び

1. 絵本に描かれた家族像の違い

（1）教材としての絵本の使い方と課題

家族や家庭生活などの抽象的な領域は、具体的に目に見える絵本を通すことで、自分自身や自分の家族について思いを巡らすきっかけとなる。また、自分自身の家族について語るのではなく、絵本の家族について語るので語りやすく、お互いに語り合う空間をつくりやすい。

絵本は、読みっぱなしが原則で、「説明を加えず、その子どもなりにどう受け止めたかを大切にすることが重要」［堀内 2006］である。

絵本を授業で使う場合には、事前に家族像や性別役割分業などについての記述が教材として適切かを検討する必要がある。なぜなら、固定的な性別役割分業の解消は、男女共同参画社会基本法の根本理念の１つで、これからの社会を担う若者にとって、学び考える機会が必要であるからである。ここでは、国内外の絵本を収集し、性的役割分業についての現状やその克服、新しい家族の役割関係という合意をもつ絵本に着目し、分析した堀内の研究［堀内 2006］をもとに、絵本によって家族像や性別役割分業に対する考えが異なることを３冊の絵本の例で紹介する。

（2）絵本に描かれた性的役割分業

絵本Ａは、「家事すべてを母親が担っている家庭で母親が家出をした後、父親と２人の息子は豚に変身して途方に暮れていたところに母親が帰ってくる。以後は家事を分担するようになった」というストーリーである。しかし、よく読み込むと性的役割分業の解消の必要性は理解できても現実を変えるのは難しいという著者の考えが含まれている。

絵本Ｂは、「性的役割分業のもとで家事に明け暮れる母親の終わりなき日常が描かれている。主人公の男児が台所を覗いたら、母親が泣きながら皿を洗っていた。そこで男児が母親の涙を拭いて“消えちゃえ、消えちゃえ”というと家事一切が消えていった」というストーリーである。父親の不在が描かれ、将来の家族の展望は開かれていない。

絵本Ｃは、「家族は、ペットショップを経営する母親と専業主夫の父親、３人の男児とペット。平日の家事の担い手は父親という設定である。本の見開き左の頁に、母親のイラスト、右の頁に父親と息子たちの家庭での様子が描かれている。固定的な性別役割分業から開放され、家族がそれぞれの役割を担い、協力して営む生活が描かれている。堀内は、「性的役割分業が切り口となって家族の在り方を捉え直すための、児童・生徒への揺さぶりを喚起する教材となりうるという結論に至った」と述べている。

（3）教材としての絵本選びと用意の方法

教材によって、児童・生徒の学びは異なる。ここでは「性的役割分業」の描かれ方のみ紹介したが、児童・生徒に何を学ばせたいのか、授業目標との関係で、例えば環境に関する視点での検討や、高齢者とのかかわり方の視点での検討など、さまざまな視点で検討して選ぶ必要がある。

絵本をどのように用意するか、は大きな問題である。同じ絵本を全員に読ませたい場合は、パソコンに取り込んでスクリーンに映すという方法もあるが、自分のテンポで読めない、という問題が生じる。各グループに1冊を用意し、絵を全員で見ながら1名が読み聞かせる、という方法もある。異なる絵本を生徒1名に1冊用意するには、司書教諭に依頼して近隣の図書館から多くの絵本を借りてもらう、という方法もある。

2. 生活設計のゲーム——制作者による意図の違い

金融団体（全国銀行協会、生命保険文化センター、日本損害保険協会、日本証券業協会等）が作成した生活設計ゲームがある（web上で閲覧・ダウンロード可能）。制作者の意図によってゲームの内容が異なっており、児童・生徒の実態を考慮して選択する必要がある。ここでは銀行と生命保険会社作成したゲームの概要を紹介する。いずれも、高等学校家庭科の「消費生活と生涯を見通した経済の計画」「生涯の生活設計」、中学校技術・家庭（家庭科）の「身近な消費生活と環境」や総合的な学習の消費者教育、キャリア教育、社会科公民などの授業で使用できる。

(1)「生活設計マネープランゲーム」(全国銀行協会：1～2時間)

人生にはさまざまな選択があることに気付くと同時に、計画性を持って生活していく必要があることを体感するカードゲーム。カードを引くことで、収入・基本生活支出・結婚・子ども・住居・イベント&アクシデントとそれに伴う費用が決まり、結果をシートに記入することで、記録・計算・振り返りを行うようになっている。グループワークで、生徒の興味関心を高めたり主体的に取り組むことができたりする体験型教材である。リスクに対応するために、貯金が必要であることがわかる。

（2）「ライフサイクルゲームⅡ——生涯設計のすすめ」（第一生命：20〜30分）

すごろく形式のゲームを楽しみながら、人生のさまざまなリスクと必要な備え、消費者として知っておくべき消費者契約等に関わる知識などを学ぶことができる。ライフサイクルと生活設計の授業を「楽しく」すすめるための消費者教育教材である。ゲームは、就職、結婚、子ども誕生、住宅購入などのライフイベントや、各年代における病気・ケガや消費者被害への遭遇などのリスクを、擬似的に体験できる。消費者被害にあった場合の対応を学ぶ「アクションカード」では、被害に遭ったときの相談先を具体的に学ぶことができる。リスクに対応するために、生命保険が役立つことがわかる。

おわりに

教材の持つ力を見極め、よりよい指導ができるようになるためには、教材研究も大事であるが、行った授業について語り合う場があることが力をつける。自分の授業を客観的に振り返り、他の人の授業に学ぶことができる。共に学ぶことは児童・生徒にも教師にとっても大事である。

参考文献

野田知子、大竹美登利「魚丸ごと一尾の調理実習の授業と生徒の認識の変化」『日本教科教育学会誌』24巻4号、2003年

堀内かおる「男女共同参画の視点による絵本に描かれた家族像の分析——家庭科教材としての有用性について」『横浜国立大学教育人間科学部紀要Ⅰ（教育科学）』13号、2011年、pp. 157〜173

第6章

科学的視点を育む実験教材を考える

はじめに

家庭生活を中心とする家庭科の学習内容は、自分、家族や家庭経済などの人文科学的内容や、衣生活や食生活などの自然科学的内容など、多岐にわたり、すべての学問分野にかかわるといっても過言ではない。

そのうち衣・食・住生活に関わる学習内容は、自然科学を背景に成立しているものが多く、理科などで学習した内容を応用・発展させたものもある。例えば、私たちは寒いときにタートルネックのような首の周りをおおう衣服を着る。これは、体を取り巻く温かい空気を逃がさないためで、理科で学習した「暖かい空気は上にいく」の応用である。このように、生活の中の現象を自然科学的に捉えることは、その現象を理解しやすくするばかりでなく、現象の根拠を理解することになり、結果的に類似した生活現象についても理解しやすくなる。

この章では、生活現象、特に衣生活にかかわる現象について、生徒の科学的視点を育むための実験的な教材について解説する。

第1節　科学的視点はなぜ必要なのか？

生活の中の現象を自然科学的に捉えることは、直面している現象を理解しやすくすることと、他の生活現象についても理解がしやすくなることを既に記載した。ここでは、これらをより詳しく説明する。

1．生活現象に関する科学的根拠の理解

小学校家庭科で育成したい能力は「生活重視価値」「自然科学的認識」「物づくり」［日本家庭科教育学会編著 1997］である。そのうちの「自然科学的認識」とは現象の科学的根拠（エビデンス）（evidence）を理解することである。私たちの身の回りにはさまざまな生活現象があるが、科学的根拠を理解すると、いくつかの現象はその要因は概ね１つ、つまり“答えは１つ”であることに気付く。そのため小学生でも理解しやすい。生活現象を客観的に判断できる能力は、将来にわたり必要な知識であるため、児童・生徒に育成したい能力の１つといえる。

2．新たな課題を解決するときの判断基準

生活現象は学校で学習した内容だけではなく、家庭生活や子どもたちが成長する過程でも発生する。それらの現象を理解するには、今まで学校や家庭で学習したことを１つの基準としながら判断する場合が多く、その際科学的視点は１つの基準になる。科学的視点の多くは不変であるため、生活現象が変化してもそれを根拠に判断することができる。

3．情報リテラシーの向上

社会の変化に対応し、生活は日々刻々と変化している。生活は一生続く

ため、今まで学習しなかった新たな生活現象に直面する場合がある。例えば、2011年３月に起きた東日本大震災に起因する原子力発電所の事故による食品の放射能汚染はその１つであろう。このような新たな生活現象を解決するときに、科学的根拠が非常に有効である。放射線に関する知識がなくとも、物事を科学的に判断する能力があれば、既に持っている考え方による判断が可能になる。つまり、メディア等の情報を鵜呑みにせず、自分で調べ、確かめ、判断することが可能であり、結果的に情報リテラシーが向上する。

第2節　科学的視点を取り入れた教材づくりを考える

教師が授業をするとき、ねらいを達成するためにはそれに適した教材づくりは不可欠である。しかし、それに適した教材であっても、教材づくりのための時間・経費などを無視しては、真の適した教材にはならない。ここでは筆者の経験から、実験的な教材づくりに必要な条件［日本家庭科教育学会東北地区会研究推進委員会編 2007］を以下に示す。

1．第一条件（前提条件）

教材としての前提になる条件であり、それは５つある。

①日常生活に密着した教材：児童・生徒の日常生活によく登場するモノのことである。馴染みがあるため、授業でも子どもたちの関心を高めやすい。

②小・中・高校のどの段階でも活用できる教材：条件を変えるなどすることで幅広い発達段階で活用できることで、活用価値が高くなる。

③材料や道具が手に入りやすい教材：材料入手の時間を気にせずに教材づくりに着手できることである。都市部にある学校ではいつでも入手可能であっても、地方の学校では入手困難な場合があるため注

意が必要である。

④材料が安価である教材：費用がかからないということである。

⑤他教科で学んだことを応用・発展できる教材：既に学習しているため児童・生徒が想起しやすいことと、原理原則を理解しているために学習効果も期待できる。

前提条件としてはこれらのすべてが当てはまる教材がよいが、５つの条件をすべて満たすことはなかなか困難であるため、３つ程度の条件が当てはまるならば教材の前提条件を満たしているといってよいであろう。

しかし、前提条件を満たしても、教材としてはまだ充分ではなく、それが活用できそうかどうかを見極める必要がある。

2. 第二条件（教材としての活用の可能性）

前提条件を満たした教材でも、必ず教材として活用できるわけではない。ここでは、前提条件を満たした教材の次の段階として、教材として活用可能かどうかを判断するための条件を説明する。

①短時間で結果が得られる教材：１単位時間（45〜50分）の間に実験の準備、まとめ、考察までを時間内に収める必要があり、そのためには短時間がよいということである。実験的な教材は約20分を限度とすることが望ましい。時間内に実験は終了しても、まとめや考察を次の時間（概ね翌週）に行うと、児童・生徒は前時の結果を忘れてしまっているため学習効果はあまり期待できない。

②視覚的に違いの明確な教材：見ることにより小学生でも容易に判断できるため、定性的ではあるがどの発達段階でも利用可能である。

③同一条件で定常的な結果が得られる教材：条件を満たせばいつでも同じ結果になる、つまり再現性の高い実験が必須であり、そうでない実験は教材として不適切である。

④短時間に準備ができる教材：実験準備に多大な時間を必要としない

ことであり、他の仕事も多い教師にとっては重要な条件である。

⑤手順が煩雑でなく比較的容易に結果が得られる教材：実験を行う際の手順が簡単で、結果も簡単に得られることであり、教師にとっても児童・生徒にとっても望ましい条件である。

教材としての活用の可能性としては、これらすべてが当てはまるものがよいが、必ずしもそうならない場合もある。そのときには、授業の目的を確認し、それを達成するための手段としてその教材が適しているかどうかを判断する必要がある。新しい教材をつくるときや、授業の中で教材を活用するときに参考にしてほしい。

第3節　科学的視点（根拠）を取り入れた教材例

小学校では衣服の着方のうち保健衛生上の着方と生活活動上の着方を、中学校では社会生活上の着方を学習する。ここでは、実験教材を用いた保健衛生上の着方について考える。

1．なぜ保健衛生上の着方学習に実験教材を導入するのか

保健衛生上の着方は、着方に関する学習の中で最も基礎的な学習である。また、学習内容には保温性、吸湿性、吸水性、通気性などと、それに付随する重ね着、被覆面積（衣服で体を覆う面積）などがある。教師の説明のみの授業より、児童・生徒が実験を行うことで自ら違いを把握できるため、学習効果が期待できる。

2．代表的な吸水性実験“バイレック法”

布が水を吸う性質を吸水性といい、快適性の一要因である。私たちは、

夏に着用する衣服には、汗などをよく吸う繊維でできているものを選ぶ。

吸水性実験の代表的なものはバイレック法（吸い上げ法）・沈降法・滴下法がある。吸水性を定量的に把握する教材としては、準備が簡単で視覚的にもわかりやすいため、バイレック法が多用されている［日下部編著 1990, 日景・松倉 1995］。バイレック法を**図1**に示す。中学生を対象とした綿とポリエステルの吸水性実験のうち、筆者が行った結果から最も良いと思われる方法を以下に示す。

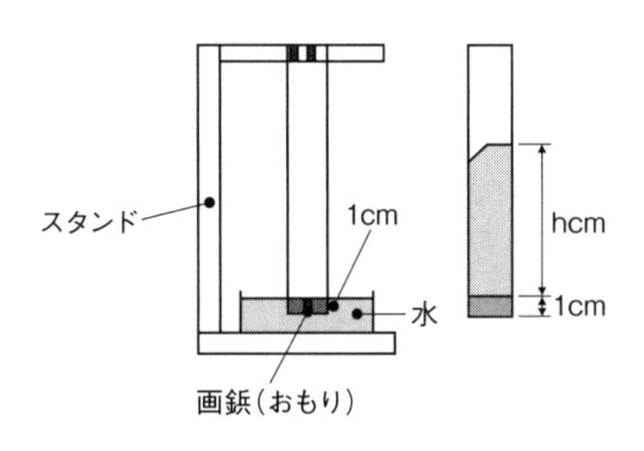

図1　バイレック法

（1）教師が行う実験前の準備

〈使用する物〉

布（白色の綿とポリエステル）、ものさし（1本）、鉛筆（1本）

point!　綿とポリエステルを用いるのは、日常着に多用されていることと、扱いやすい布のためである。

白色布を使用するのは、染料が付いていない（汚れていない）布であること、後述する水性ペンなどの使用が可能なためである。

〈手順〉

①綿布は、洗剤を入れたお湯に入れて洗う（「糊を抜く」という）。

point!　綿布を洗うのは、布に付いている糊などの汚れを落す作業である。これをしないと、“糊などで汚れている布”を実験することになり、結果がうまくでない。

②2つの布を1枚ずつ幅2.5cm×長さ20cmに裁断する。このとき、布の方向は同じにする（タテ方向を長くするか、ヨコ方向を長くするかを決める）。

point! 布の方向を決めるのは、タテとヨコでは織密度が異なり、それが吸水性に影響を及ぼすためである。

幅を2.5cmとしたのは、小学生でも扱いやすい幅であること、費用面（広い幅にすると費用がかさむ）からである。長さを20cmとしたのは、予備実験では計測時間５分の吸い上げ高さは約５cmだったことから、５分間の実験でも充分な長さであること、扱いやすさ、および費用面から判断した。

（２）児童・生徒が行う実験の準備と方法

〈使用する物〉

布（白色の綿とポリエステル）、バット（１グループにつき１個）、ものさし（２本）、水性ペンと鉛筆（２本）、画鋲（４個）、スタンド（１台）、板状の発泡スチロール（幅２cm×長さ30cm×厚さ１～２cm　１枚）、クランプ（１個）、ストップウォッチ（１個）

〈手順〉

①布の片方から１cmのところに鉛筆で線を引き、そこから水性ペンで５mm間隔に線を引く。また、布端から鉛筆線の間に画鋲を付ける。

point! 水性ペンを用いるのは、水につかるとにじむ性質を利用し、吸い上げ高さを視覚的に確認できるためである。また、画鋲は布を水に入れたときに浮かないようにするためのおもりである。

②発泡スチロールをクランプに水平につけ、スタンドに固定する。スタンドとクランプは理科の汎用器具なので、借用するとよい。

point! 発泡スチロールは商店等から入手し切断しておくと、何度か使用できるが、画鋲で穴が空くので、半永久的な使用はできない。

③バットの半分程度まで水を入れ、発泡スチロールを固定したスタンドをセットする（図１参照）。

point! バイレック法には、染料等で色を付けた水を用いたり、染料を付着させた布を用いるなどの方法もあるが、前者は吸い上げ速度が水と染料で異なり（染料の方が遅い）、正確な高さを測定しにくいこと、後者は染料を付着するのに時間がかかったり周囲を汚したり、また発砲スチロールへの装着時に手や衣服を汚す可能性があることから、あまり適切ではないと判断した。ただし、両者とも遠くからも見えやすいことから、教師が示範する場合には水性ペンを用いるより適している。

④布を鉛筆で引いた線まで水に浸し、布の先を画鋲で発砲スチロールに固定する。15秒ごとに吸い上げ高さを目測し記録する。これを5分間続ける。

point! 「鉛筆で線を引いたところまで水に浸す」ことと「布の先を画鋲で固定する」ことは難しいので、予備の布を準備しておくとよい。

⑤得られたデータをグラフにする。

【結果】

①綿とポリエステルの吸い上げ高さを比較し、両布の違いをみる。

②この違いについて布の特徴などから考え、着心地について考察する。

（3）応用――小学生が実験する場合

小学生の実験は布の定性的な違いが分かればよいので、染料等で色を付けた水を用いるのがよいであろう。それにより、水性ペンでのマークなどは省略できるため、準備等の時間も大幅に削減できる。

第4節 “つかえる教材”を増やす・つくる

大学等で行った実験は教材あるいは参考教材になる。それらの実験をもとに、応用発展教材を考えてみることが、“つかえる教材”を増やす・つくることにつながる。ここでは上記した吸水性実験の応用を説明する。

1. 吸水性実験――バイレック法の応用

バイレック法を応用し汚染布で比較する［弘前大学教育学部小専科学実験WG編 2010］。

【方法】

①糊抜きした綿布を生徒１人に１枚渡し、各自が何の汚れでもよいので布全体を汚すように指示する。

point! 汚れはグループで話し合って決め、同じ汚れにならないようにする。このとき、身近な汚れである醤油などの液体汚れが１～２あってもよい。また、実験後の説明が必要なため、汚れを数種に限定してもよい。

布全体を汚すのは、バイレック法は水を吸い上げる方法のため、一部分を汚染させただけでは、汚染されていない繊維の吸い上げが急速に進み、真の汚染布の吸水性にならないためである。

②①の布に、第３節2.⑵の〈手順〉①（p. 88参照）と同様に水性ペンでマークさせる。濡れている布はドライヤーで乾燥させた後、マークさせる。

point! 布を乾かすのは、湿った布は既に水を含んでいるため、正確な計測ができないためである。

③これ以降は、第３節2.⑵〈手順〉の②～と同様に進める。

おわりに

衣生活で活用されている実験例を挙げた。実験は、効果的に用いることが、児童・生徒の意欲や学習の定着に結びつく。授業の導入部での実験は、教師が示範する場合が多く、それにより児童・生徒の意欲を喚起させる。また、展開部分での実験は、児童・生徒が実験する場合が多く、実験結果から本時のめあてを比較的容易に達成できる可能性が高くなる。

教科書等に取り上げられている実験教材は、学校現場で多く用いられていることから試してみるとよい。その上で、子どもの実態を考慮し、どの実験が効果的か、また教師が示範するのか、子どもに実験させるのかなどを判断するとよい。

教材はあくまでも授業の目標（めあて）を達成するための手段であることを忘れないようにしたい。

参考文献

日下部信幸編著『楽しくできる被服教材・教具の活用研究』家政教育社、1990年

日本家庭科教育学会東北地区会研究推進委員会編『21世紀の家庭科——学ぶ意欲を引き出す高校家庭科の授業』教育図書、2007年

日本家庭科教育学会編著『家庭科の21世紀プラン——小・中・高等学校家庭科教育の新構想研究』家政教育社、1997年

日景弥生、松倉純子「大学教官による附属小学校での特別授業」『家庭科教育』69巻３号、家政教育社、1995年

弘前大学教育学部小専科学実験WG編『しなやかな小学校の先生をめざして（小学専門科学実験の手引き）』弘前大学出版会、2010年

洗剤の量を変えたときの汚れの落ち具合の相違（中学校）

1．準備するもの

（1）洗剤液

水100mℓに対して洗剤が標準使用量の0.5倍、１倍、1.5倍（または２倍）のものと水だけのものを、それぞれグループの数だけ準備する。

（2）汚染布

白布（綿100%）をコーヒーに浸したものを、（条件の数＋比較用１）×グループの数だけ準備する。布は、結果の差を比べやすく、かつ、ペットボトルに入れやすく出しやすい大きさを考えて５㎝×５㎝とした。

汚染布については以下の方法がある。

①市販の汚染布を用いる

②市販の布を用いて汚れをつける

①の場合は、洗濯機での洗浄力試験を前提としているものなので、授業で用いる場合は、時間内で結果が出るのか予め確認しておく。

②の場合は糊抜きがされている染色用の布など一部のものを除いては、予め５回程度洗濯をして糊を落としてから汚れをつける必要がある（吸水力試験等も同様である）。また、汚れの種類や汚れをつけてからの日数によって汚れの落ち具合に差が出ることに留意する。

（3）ペットボトル

500mℓのペットボトルを条件の数×グループの数だけ準備する。

ペットボトルにABCDの記号を書き、それぞれに、⑴で準備した洗剤液を入れておく。

今回の実験の場合は、洗浄時の機械力をそろえるために、洗剤液と汚染布をペットボトルに入れ、同じ時間・速さで振るようにする。

ペットボトルの数が多くなるので、計画的な準備が必要となる。

2．授業展開

（1）結果を予想する――児童・生徒の予想を踏まえた実験・実習

次の中で、汚れ落ちがよいものはどれだろう。

A 水のみ	B 水 ＋ 標準使用量の 半分の洗剤	C 水 ＋ 標準使用量の 洗剤	D 水 ＋ 標準使用量の 1.5倍の洗剤

●Ｄが一番落ちると思います。
●Ｄが一番落ちるけど、Ｃも落ちると思います。
●BCDは落ちると思います。
●水だけのＡでも落ちると思います。

実験では、児童・生徒が予想と結果を比較することで考えを深めていくことができる。この実験で「標準使用量が適切である」という考察を導きたい場合、「標準使用量」「標準使用量より多い」の２つには汚れの落ち具合の差がほとんどないような結果となる実験が望まれる。「一番汚れが落ちるのはどれか」と問うと、結果にかかわらず、「洗剤はたくさん入れた方がよい」となり得るので、発問にも留意したい。

（2）実験をする――児童・生徒の動きを予測して

１つのグループにＡ～Ｄのペットボトル１本ずつと汚染布５枚（うち１枚は比較用）を各グループに配布する。１グループは４人程度が望ましい。

１人１本ずつ持ちましたか。では、これから同じタイミングでふたを開けて、布を入れて、ふたを閉めます。ではやってみましょう。はい、ふたを開けて……

＊＊＊

それでは、私が手拍子をするので、それに合わせてペットボトルを上下に振りましょう。

でははじめます。（手拍子）パン、パン、パン、パン……

実験の条件（浸透時間や機械力）をそろえるため、全員が同じときに布を浸したり、同じ時間・速さでペットボトルを振ったりすることができるよう、教員の指示や手拍子に合わせるなどの工夫をしよう。この他、次のような行動が予測される。

＊においをかいでしまい、時間がかかってしまう

＊ふたがしっかりしまっておらず、洗剤液が漏れてしまう

＊水で濡れてしまう、など

このようなことが起こった場合の対処を予め考えておくことで、授業をスムーズに進めることができる。また、必要に応じて予備を準備しておくことも考える。

（3）結果から考察する――「なぜそうなるのか」を大切に

ペットボトルを振り終えた後、布をすすぎ、洗う前の布と比較する。

――どのような結果になりましたか。

●①②は汚れが残ったけど、③④は汚れが落ちています。

――結果からどのようなことがわかりますか。

●標準使用量以上の洗剤を使っても汚れの落ち方は変わりません。

児童・生徒は実験・実習で見ることのできる現象にとても興味を示すが、それで終わりにしてしまうのではなく、必ずその現象について考察を加えなければならない。科学的な視点を育てていく上で「なぜそうなるのか」「結果からどのようなことがわかるのか」という見方はたいへん重要である。児童・生徒が自らの力で考えることができるような問いを教員が準備しておく必要があるが、そのためには他教科での学習内容も熟知しておかなければならない。

（4）生活にどのようにいかすか――主体的によりよく生活する

●洗濯をするときには標準使用量を守ることが大切だということがわかった。

家庭科では、「生活にどのようにいかしていくか」という視点が重要である。そのためには、例えばワークシートにおいてただ単に「感想」を求めるのではなく、「いままでの生活を振り返ってみよう」「自分の生活にどのようにいかしていきたいですか」「自分の生活が世の中（環境など）にどのような影響を与えると思

いますか」とするなど、児童・生徒が実験・実習を通して自らの生活について考えることができるような工夫をする必要がある。これまでの生活を振り返りながら、これからの生活を主体的によりよくしていこうとする態度を育てていかなければならない。

3．実験・実習前の準備について

限られた時数の中で効果的に知識や技能を習得させるためには、再現性を高め、想定している結果を得られることが重要である。そのために実験・実習を行う前に余裕を持って準備をする必要がある。その際の留意事項を以下に述べる。

（1）予備実験の重要性

いままで述べてきたように、実験・実習においてはその再現性が極めて重要である。それを見極めるためには授業を行う前に必ず予備実験をしなければならない。これは、独自の実験・実習方法の場合のみではなく、教科書等に載っている方法でも行う必要がある。再現性のためのみならず、予備実験を行うことで、児童・生徒がどのような部分でつまずきやすいのか、実験中にどのような行動をとる可能性があるのか、ある程度予測することが可能となる。

予備実験は再現性を高めるために行うのであるから、次のようなことをできるだけ詳細に記録しておく必要がある。

・その日の天候、気温（室温）、湿度、水温等
・どの器具を用いたのか
・何をどのぐらいの量用いたのか（薬品、材料等）
・メーカー、規格
・どのぐらいの時間が必要か
・どのような結果になったか、など

期待していた効果が現れなかった実験についても、別の機会に必要となる場合もあるので、記録を残しておく。

（2）物品等の購入方法

物品等を購入する方法として、主に次の２つがある。

①書類のやりとりで購入する（事務職員経由など）

②現金で購入する

自治体や学校にもよるが、ほしいときにすぐに購入できるというわけではなく、注文してから現物が届くまでに日数がかかる場合が多い。また、家庭科教員が直接店舗で現金で購入することができない場合もある。実験・実習の計画や物品の調達、予備実験は日程に余裕を持って行わなければならない。

（3）物品等の他教科からの借用・代替物品の利用

ビーカーなどの実験器具や薬品など、学校によっては理科等の他教科から借用できることがある。また、例えばビーカーの代わりに紙コップやプラスチックカップ、ガラス棒の代わりに割り箸など、安価に他のもので代用できる場合もある。いずれの場合も他教科の教員と連携を密にしながら準備をするようにしたい。

（4）実験・実習の準備

例えば前述の実験では、洗剤液を準備するときに次のような方法が考えられる。

①水と洗剤を用意し、洗剤の量を児童・生徒に量らせる

②教員がペットボトルに洗剤液を入れておく

①の場合は、「水の量に対して洗剤の量が思っていたよりも少なかった」という振り返りが期待できる。しかし、量り間違いにより想定通りの結果が出ないことや、想定以上に時間がかかることが予測される。

②の場合は、あらかじめ洗剤液を入れたペットボトルを準備しておく必要がある（準備に時間がかかる）が、授業内で実験に要する時間は短縮できる。

どのような準備をするかは、この実験に限らず、調理実習の用具・材料・調味料をどのように準備しておくか（例えば、量ったものを配布するのか、容器のまま配布するのか）などあらゆる実験・実習において、ねらいや時数に応じて考えなければならない。

参考文献

福田典子「家庭洗濯に関する教材研究――洗剤量の意識づけをねらいとした実験教材」『信州大学教育学部紀要』第113巻、2004年、pp. 23～30

第3部

学びあいを保証する授業づくり

第7章

多様な価値観をぶつけ合う参加型の授業をどうつくるか

はじめに

本章では、多様な価値観をぶつけあう参加型の授業が、なぜ家庭科では必要なのかを述べたあと、具体的にどのような授業方法があるのかを提示する。その上で、多様な価値をぶつけあう参加型授業の実践について紹介する。

第1節　なぜ多様な価値観をぶつけ合う必要があるのか

1．家庭科では何を学ぶのか

家庭科教育は「家族」の「生活」について学ぶ教科である。そこで大切なのは、「原理・原則」を身につけ、「多様な価値観」について知ることである。

原理・原則を学ぶことによって、応用が効き、自分の生活状況や価値観に合わせた生活をおくることができる。例えば、味噌汁をつくるのに、だしをとる必要性や手順、実の切り方や入れるタイミング、美味しい塩分濃度などといった、ある一定の原理・原則を知っているからこそ、家族の体調に合わせて味噌の量を調節したり、季節や好み、他の料理との組み合わせで具材を変えたりするといった応用が可能となる。

応用するときには価値観が反映されるため、多様な価値観を学ぶことが重要となってくる。例えば、同じ味噌であっても、地域によって材料や製法が違い、味や風味が異なる。どれが正しいということはなく、それぞれ文化である。つまり、生活の中には必ずしも正解がないことが多く、多様な選択肢の中から、自分が何をどう選択するかが問題なのである。味噌の種類といった食文化以外にも、家族の形態やライフコース選択、商品の選択なども絶対的な正解はない。そのときどきの状況やその人の価値観に応じて選ぶものである。

家庭科は単に知識や技能を身につけるだけの教科ではない。情報があふれ、選択肢が多数ある現代社会の中で、原理・原則を身につけ、多様な価値観を知ることで、生活の中で課題にぶつかったとき、それを解決するための情報収集の方法や、意思決定の仕方を学ぶのが家庭科なのである。そして、自分の生き方を改めて考え、自分はどう生きたいか選択する力をつける教科なのである。

2. 多様な価値観をぶつけあう意味

では、多様な価値観をぶつけ合うことに、どのような意味があるのだろうか。

１つには、自分以外の家庭生活の状況や考え方を知ることで、多様な生活課題に対応できるようになることである。１人ひとりの生活経験は異なる。自分の経験のみに基づくことしか知らなければ、それと異なることが起きると対応できない。もう１つは、立場を変えてものをみることによって、多様な視点を持つことができることである。その結果、自分→家族→社会へと学びの視点を広げていくことが可能となる。

例えば、高校生へのインタビュー調査を行った際、父親が働き、母親は専業主婦という家庭で育ってきたので他の選択肢が分からないという語りがみられた［藤田 2009］。選択肢が１つしかないと、より良い方法を選ぶことができなかったり、固定観念にしばられて苦しい思いをしたりすることもあるだろう。学びの視点が広がることによって、社会構造の影響をどのように受けているかや、自分の生き方の社会への影響を考えたり、自分の状況に合わせて社会制度を利用したりすることも可能となる。また、他者と共に生きていく上で必要な、多様な価値観を認めあうこともできるようになる。

つまり価値観をぶつけ合うとは、協働の学びである。協働とは、異質な他者と出会い、関わりあう中で、新たな学びが生まれることである。各家庭の中での学びだと偏りが生じたり限界があったりする。学校教育で学ぶからこそ、協働の学びが可能となり、協働の学びのためには多様な価値観をぶつけあうことが大切なのである。

第2節　多様な価値観を学ぶ方法

多様な価値観を学ぶための授業方法として、どのようなものがあるだろうか。いくつか代表的なものを取り上げて説明したい。多様な価値観を学ぶ授業方法としては、大きく、1. 多様な情報や考えを引き出す／収集する方法、2. 情報や考えを整理し、多様な価値観に気づく方法、3. 多様な価値観をぶつけあう方法、の３つに分けられる。これらの方法は独立したものではなく、それぞれを組み合わせて行うとより効果的である。

1. 多様な情報や考えを引き出す／収集する方法

まず、多様な情報や考えを引き出す／収集する方法について説明する。授業の導入として、興味関心を引き出したり、課題を把握したりするために用いるほか、学習の途中で、学習内容をさらに深めるために用いられる。

（1）ブレインストーミング

集団でアイデアを出し合うことによって相互の連鎖反応や発想の誘発を期待する方法である。出てくるアイデアの量を求める。5～10名程度の少人数のグループで行い、議題は予め周知しておく。次の4原則を守る。①判断や結論を出さない（批判・結論の厳禁）、②粗野な考えを歓迎する（自由奔放）、③できるだけ多くのアイデアを出す（質より量）、④別々のアイデアをくっつけたり一部を変化させたりする（結合改善）、である。

◎活用しやすい題材例

「家族」や「高齢者」のイメージ、「私たちの地域をよりよくするには」など。

（2）インタビュー

対象者に直接話しを聞くことにより人々の意見や生活実態を把握する方法である。インタビューにあたっては、何を聞きたいか目的をはっきりとさせ、相手に説明できるようになっておく。質問内容も予め決めておき、メモを取る以外にも、相手の了承が得られた場合は、レコーダなどで記録しておくとよい。

◎活用しやすい題材例

周りの大人に話を聞く「（自分の幼い頃について）私がはじめて◯◯したとき」「子どもの頃に食べていたおやつ」「洗濯機の使い方、洗濯のコツ」など、商店などで働く人に仕事の内容や設定したテーマ（郷土の特産品についてなど）について聞くなど。

（3）アンケート

アンケート（質問紙票）を作成し、周りの人の意識や態度を分析したり、意見を把握したりする方法である。質問文は、意味が２重に取れたり、回答を誘導したりするような表現を避ける。質問の仕方や質問する相手によって結果が異なってくるので、事前にしっかりと計画を立てる。

◎活用しやすい題材例

クラスメートなどの朝食習慣／家事分担状況／買物のときに大事にしていることなど。

（4）フィールドワーク

設定した課題に即した場所を訪れ、現地で探索、採集、取材などをして具体的な情報を得る方法である。地域の実態を知ることで、課題を発見することができる。

◎活用しやすい題材例

地域の商店街の郷土の特産品マップづくり、防災マップづくり、家庭や地域・学校のゴミ処理の実態など。

2．情報や考えを整理し、多様な価値観に気づく方法

次に、情報や考えを整理し、多様な価値観に気づく方法について説明する。これらの方法は、単独で用いられることもあるが、1.で紹介した方法で集めた、多様な情報や考えを整理する際に用いられることも多い。

（1）KJ法

カードにアイデアを書き出し、整理することで問題点を明らかにしたり、理解を深めたりする方法である。ブレインストーミングででたアイデアやインタビューやフィールドワークで得た情報を整理する際にも用いられる。

〔やり方〕

①テーマについて思い浮かぶことを、カード１枚につき１つ書き出す。少し大きめの付せんを用いると、その後の並べ替えも楽である。

②似た内容のカードを集めてグループをつくる。初めから大きくまとめようとしない。どのグループにも入らないカードがあってもよい。

③各グループに、グループの内容が簡潔にわかる見出しをつける。

④各グループの関係性を考えながら１枚の紙の上に載せる。近さや関連性、概念の大小などを考えて配置し、それぞれを線でつないだり囲ったりする。

⑤整理したものを基に、発表する。

◎活用しやすい題材例

家族の役割を考える、家庭の仕事にどのようなものがあるかなど。

（2）イメージマップ（マインドマップ）

自分の頭の中にあるイメージを絵や図にする方法である。描くことによって自分の思考や固定観念を視覚化し、より明確に見つめることができる。また各々が持つイメージを比較しあうことを通して、自分のものの見方を客観的に分析したり、多様なものの見方に気付いたりすることができる。

〔やり方〕

①学習者にＡ４程度の大きさの白紙を配り、あるテーマについて思うままに描かせる。絵や地図など図で描く場合と、語句を次々と挙げて関連を線で結んで図式化させるなどの方法がある。

②描画後は学習者同士で見せあったり、単元の学習前後で比較したりして、共通点と相違点を考えさせたり、学習を経てどのようにイメージが変わったかを比較検討させたりする。

◎活用しやすい題材例

幼児、結婚、家族、高齢者、食べ物、ゴミについてなど、さまざまなものをキーワードとして設定して作成する。

（3）ランキング

あるテーマについて、用意された複数の選択肢を、良いと思うものから順に並べる方法である。個人でやった後に他の人と比べながら議論する他、グループで相談しながら並べ、合意形成を図るのに用いることもできる。

〔やり方〕

①テーマと選択肢（10個程度）を示す。
②選択肢を、自分なりの考えで順位づけしダイヤモンド型に並べる。
③順位づけの理由や根拠を書き出す。
④それぞれの答えと、そのように順位づけた理由を発表する。さらに違った考え方がないか、参加者の自由な意見を求める。

◎活用しやすい題材例

結婚相手に望む条件、食品選択の基準、職業選択で重視する条件など。

（4）フォトランゲージ（フォトシチュエーション）

写真や絵を使って、そこから受けたメッセージを互いに発表しあう学習方法である。写真を“読み解く”ことで、他者への共感的な理解や想像力が高まったり、同じものを見てもさまざまな捉え方があることに気づいたりする。自分と異なる意見を聞くことによって、自分の偏見や固定観念に気づくこともできる。また、意図的に切りとられた部分的な情報であることに気付き、メディアに対して批判的な見方ができるようになる。

〔やり方〕

一枚の写真を基に、「どこの国（地域）？」「ここに写っている人は何をして（考えて）いるのだろう？」といったことを考えさせたり、その土地の文化的な特徴が表われているものを探したりする。写真にキャプション（簡単な解説）を付けたり、その写真を題材にしてニュース記事を書いたりする方法もある。教材としては、絵はがきや雑誌の切り抜きのカラーコピーなどを用いる。教科書の口絵等の写真を活用するのもよいだろう。

◎活用しやすい題材例

１週間分の食料、写真を基に職業を当てるクイズなど。

（5）新聞分析

時事ニュース記事を分析することで、生活問題を把握し、解決法を考える学習方法である。

〔やり方〕

①テーマにしたがって記事を収集し、記事の出所、日付を明らかにし、記事を分類する。

②記事を注意深く読み、要旨を記述する。

③記事が明らかにしていること、基本的な概念、問題などを明らかにする。

◎活用しやすい題材例

児童虐待、高齢者（介護）問題、食品表示、消費者トラブルなど。

（6）ロールプレイング

ロール（役割）をプレイング（演じる）ことによって学ぶ方法である。ある学習したい場面を設定し、学習者同士が役を演じることによって場面を理解するだけでなく、役の立場になり切ることで、客観的に自分とは異なる立場の心理を考え、実感することができる。観察者は、その学習対象となる場面を疑似体験することができる。

〔やり方〕

シナリオのつくり方と演者の選定方法として、以下のようなものがある。授業の目的に合わせて、これらを組み合わせて行う。

〈シナリオのつくり方〉

(a)場面と登場人物の役割のみ設定し、その場でセリフを自由に考えて演じる。

(b)場面と登場人物の役割を設定した上で、セリフを考えてシナリオを完成させてから演じる。

(c)教員が予め完成したシナリオを準備し、演じる。

〈演者の選定方法〉

(i)クラス全体の中で、代表で演じる人を決めて、みんなの前で演じる。

(ii)各グループで役割を決め、グループの中で演じあう。その際、観察者の役割の人も決めておくとよい。

◎活用しやすい題材例

家事／育児／介護分担について、悪質商法についてなど。

（7）シミュレーション

ある事象をモデル化、単純化して、それを擬似的に体験する方法である。擬似的に体験することで、問題点を明らかにするとともに、学習者がそれを“実感”として認識するための有効な手段として使われる。シミュレーションゲーム、ケーススタディ、疑似体験などの方法がある。

【シミュレーションゲーム】

ロールプレイの特徴も併せ持ち、決定ポイントにおいて、どう決断するか、意思決定能力を育成する。

◎活用しやすい題材例

人生ゲーム、商品購入ゲームなど。

【ケーススタディ】

生徒が直面するであろう事例を提示して、その解決法を考えるプロセスを通し、問題解決能力を育成するものである。事例としては、新聞記事、まんが、小説、テレビドラマなどの既存資料、手紙や日記、対話、寸劇などの形式による自作資料を用いる。事例は、家庭生活で現実に起こる可能性のあるもの、意思決定場面があるもの、一般的問題解決にも役立つようなものがよい。

◎活用しやすい題材例

児童虐待、介護問題、待機児童問題など。

【疑似体験】

ある立場になった体験をし、対象者の気持ちを類推し、対象者の人権、ノーマライゼーションなどについて考えるきっかけとする。生徒が自主的に取り組め、実感を伴って学ぶことができること、背景も合わせて考えることで、現実世界の問題に気づくことができることなどが利点である。ただし、特徴的な要素を取り出し“人工的”に体験するものであり、すべてを説明することはできないことを踏まえておくことも重要である。

◎活用しやすい題材例

高齢者、障がい者、幼児などの疑似体験。

3. 多様な価値観をぶつけあう方法

最後に、多様な価値観をぶつけあう方法について説明する。これらの方法は、授業の仕上げとして、そのテーマをより一層深めるために取り入れるほか、学習の導入として気軽に行うこともできる。

（1）ディスカッション

ある論点について議論をし、合意形成や結論を導き出す方法である。クラス全体で議論するほか、３～５名程度のグループで、グループディスカッションを行い、グループごとに結論を発表させるといった方法もある。学習の導入として用いる場合は、予め考える材料となる資料を準備してから行うとよい。

〔やり方〕

①内容と手順について簡潔に説明する。結論を出すのか、幅広く議論をすればいいのか、最後に結論を発表するかなど、到達目標を明確に示す。

②資料などを読み、自分の意見をある程度まとめる。

③グループに分かれ議論をする。教師は、議論に行き詰っていれば、前に進めるための質問をしたり、考えを広げる方向を示唆したりする。

④いくつかのグループに議論の内容や結論を発表させる。

⑤最後にふりかえりや教師による補足・解説を行う。

◎活用しやすい題材例

男らしさ／女らしさって？（進路選択や職業選択についてなど）、結婚するべき？　など。

（2）ディベート

ある特定のテーマについて、「賛成派」と「反対派」の２つのチームに分かれ討論する方法である。学習効果としては、①事前に情報収集し意見をまとめることで、テーマに対する認識や関心が深まる、②論点の整理と立論の繰り返しによって、問題解決の能力が身につく、③根拠となる文献資料やデータを探し出し、活用することで、論理的に議論する能力が身につく、④立場の異なる他者の思考プロセスを共有することにより、異なる立場に対する共感的理解ができるようになる、といったことが期待される。

〔やり方〕

賛成派と反対派の２チームに分かれ、賛成派立論、反対尋問、反対派立論、反対尋問、作戦タイム、賛成派反駁、反対派反駁、審査タイムのプロセスで討論を行い、主張の論理性、実証性を競う。しかし、勝敗そのものよりも、事前の共同作業や事後のふりかえりも含むプロセス全体が重要視される。その単元の最後に、テーマをより一層深めるために取り入れるのが一般的だが、学習の導入として用いることもできる。

◎活用しやすい題材例

夫婦別姓への賛否、代理母問題、ゴミ処理問題、早期教育を考えるなど。

おわりに――多様な価値観をぶつけ合う授業の難しさ／留意点

ここまで、多様な価値観をぶつけあう参加型の授業の必要性と、その具体的な方法をみてきた。だが、多様な価値観をぶつけあうといっても、「みんな違ってみんな良い」というわけではない。学ぶ子どもたちも、最終的な結論が、単にみんなそれぞれ違うというだけでは不満に感じることもあるだろう。

何のために多様な価値観を学ぶかを明確に伝える必要性がある。つまり、単なる個人差や男女差を学ぶのではなく、学ぶことによって、自分の選択肢を広げ、自分にとって最善のものを選び取る力を身につけるのである。つまり、自分はどう生きたいかを決定できるようになることなのである。その際、思い込みを捨てることが肝要である。例えば、「家族とは何か」と問うたとき、すぐに出てくる答えとして、「血がつながっている」「一緒に住んでいる」といったものがある。だが、家族と思う人を描き出してみると、単身赴任の親、進学や就職で別々に住んでいるきょうだい、離れて住んでいる祖父母も家族だと思っていたりする。さらに、ペットや可愛がっているぬいぐるみや植物も、家族だと思っている自分や友人に気づいたりもする。そうすると、果たして家族とは１つの決まった形があるのか、もっと多様なのではないかと考え始める。

また、多様な価値観をぶつけ合うといったときに、背景には自然科学、社会科学的な知識が必要であり、それらの科学的な知識（原理・原則）を踏まえた上で、多様な価値観を知ることが大切である。科学的な知識と多様な価値観を組み合わせて、自分自身がどのように生きるかを選択していくのである。

次頁以降では、具体的な授業実践事例をみていきたい。

参考文献

藤田智子「青年期の身体像と食生活への日常知と学校知の影響――高校生へのインタビュー調査より」お茶の水女子大学GCOEプログラム『格差センシティブな人間発達科学の創成（公募研究成果論文集第８巻）』2009年、pp. 59～71

原発事故と食の安全をめぐる授業（小学校）

1．単元計画（10時間）

第１次　自分たちの生活を見つめよう（２時間）
第２次　放射線について知ろう（２時間）
第３次　スーパーマーケットに行ってみよう（２時間）
第４次　基準値について考えよう（２時間）
第５次　消費者と生産者が安心できる食生活を考えよう（２時間）

2．準備するもの

「毎日小学生新聞コラム」と「東京電力社員を父にもつ６年生の投書」の資料、基準値の資料

3．授業展開

（1）自分たちの生活を見つめよう

１次では、子供自らが生活の諸問題に気付き、問いを立てることをねらいとした。しかしながら、子供たちにとって、内部被曝や食の安全の問題を将来の健康に影響を及ぼす可能性のある現実的問題として捉えることは難しい。そこで、同世代の考えに触れさせることにした。資料として、東京電力福島第一原子力発電所の事故における東京電力の社会的責任について指摘した「毎日小学生新聞のコラム」と原子力発電所を造った社会の無責任さを述べた「東京電力社員を父にもつ６年生の投書」を用い、双方の資料を読んだ上で、投書した６年生に手紙（意見文）を書いた。

●６年生の意見に賛成です。日本で電気を使っていない人なんて１人もいません。今回の事故の原因には、日本中の全員が関わっていると思います。
●東電の放射線の問題の対処法を東電の人だけに任せず、代表の大人と子供それぞれを集めて話し合いをしましょう。

この活動の後に、原子力発電所の事故により発生した問題を考えながら、自分たちが生活する上で心配なことや知りたいことをブレーンストーミングした。

知っていること	知りたいこと
●危険 ●空気にのって流れてくる ●白血病になる ●放射線を沢山あびると大人になってガンになりやすくなる ●放射線をあびた食べ物を食べると何年かするとのどにポリープができる	●いつから放射線が発生したか ●いつ放射線が収まるか ●なぜ、放射線をあびると体に悪いのか ●被災地の食べ物は食べない方がいいのか ●肉、野菜や米などに放射線が入っていないか心配

（2）放射線について知ろう

1次で出された子供たちの「知りたいこと」は、「放射線に関すること」と「食の安全に関すること」に大別された。そこで、2次の授業では「放射線に関すること」をクイズ形式で授業展開し、子供たちに予想と理由を考えさせた上で説明をして、理解させるようにした。放射線に関する危険性については異なる見解が存在するため、複数の情報を伝えるようにした。

《問1》「放射線はいつ発生したのか」
【説明】宇宙放射線、自然放射線、人工放射線があることや、人工の放射性物質による放射線は本来身近にないことを説明する。
《問2》「放射線を通さないものはどれか」
【説明】放射線には種類があること、原発事故で多く出された放射線や現在気をつけるべき放射線について説明し、放射線から身を守る方法を考えさせる。
《問3》「放射性物質は今どこにあるのか」
【説明】放射性物質の大気や海水への広がりとホットスポット、身近な場所の除染について説明する。
《問4》「放射線はいつおさまるのか」
【説明】放射線の種類により半減期が異なることを説明する。
《問5》「なぜ放射線をあびると体に悪いのか」
【説明】外部被曝と内部被曝について説明し、予防の方法を考えさせる。

（3）スーパーマーケットに行ってみよう

3次・4次の授業では、子供たちの知りたいことの2つめである「食の安全に関すること」を、スーパーマーケットに食品調査に行き、産地や品揃えに目を向けながら考えるようにした。スーパーマーケット調査は授業時数が少ないこと、授業で校外学習をする場合は複数の教員が引率しなければならないこと、また今

産地と値段からわかったこと	理　由
●東京を中心に考えると関西に行くほど野菜の値段が高くなり、東北に近づくほど安い。 ●ほとんどの店では、東北に近い方が値段が安い。	●東北地方では原発で風評被害がおきたから。 ●原発の放射線で価値が下がった。 ●3.11の影響で品質が下がった。
●東京に行くほど値段が安い。	●輸送費や人件費の問題。
●福島産と鹿児島産のインゲンでは、鹿児島産の方が安い。	●気候が違う。鹿児島の方が暖かくたくさんとれる。

店と産地からわかったこと	疑問と予想
●A店の野菜の産地は関東中心で、中部地方や四国地方の産地は少ない。	【疑問】どうしてA店やB店は関東からしか仕入れないのか。 【予想】産地を近くすることで輸送費をうかすため。
●A店とB店は群馬、茨城、福島の商品を多く売っている。	【疑問】福島の商品が店に多く出ているが、放射線などの問題で客は買うのだろうか。
●C店は日本各地から商品を仕入れている。	【疑問】どうして仕入れがばらばらなのか。 【予想】いろいろな人にたくさんの産地のものを食べてほしいから。品質のよいところから仕入れているから。
●C店には福島産は置いてないが、A店とB店には多い。	【疑問】どうしてC店には福島産のものがないのだろうか。

※A店、B店は関東中心のものを売っている大型スーパーで、C店は産地が散らばっており、福島産を置いていないスーパーである。

回の題材は保護者にも関心をもってほしいことなどを考慮して、保護者と一緒に調べる「宿題」にした。保護者には「家庭科通信」を通して授業の趣旨を知らせて協力を仰いだ。また、スーパーマーケットは店により品揃えが違うことから、各自が比較できるように、１人２カ所を調べることとし、食品は野菜と米に限定した。

スーパーマーケット調査を終えた後、子供たちの中から「どうして福島産のものを置いていない店があるのか」という新たな疑問が出てきた。そこで急遽、被災地の商品を置いていないC店の方にインタビューすることにした。C店には、電話で授業の目的と概要を伝えて交渉し、許可を得た後、改めて子供たちからの疑問と予想を伝えるために直接足を運んだ。店の方の勤務時間の関係から授業時間内のインタビューは難しく、放課後学校に来ていただくことになった。そこで、各クラスから有志によるインタビューアーを募り、結果は有志が授業時間に報告することにした。店の方からは、「個人的には、福島産のものを店に並べていいと考えているが、店としてはお客さんが買ってくれそうにないものは仕入れない」「福島産のものを自分は食べても、生まれて間もない自分の子供には食べさせたくないと思っている」という話を聞くことができ、消費者の購入行動が店の品揃えに影響を及ぼしているだけでなく、販売に携わる人もまた販売の立場と親の立場との間で考えを変えざるを得ない現実を知る貴重な機会になった。

（4）基準値について考えよう

４次の授業では、マスメディアから出される情報が、常に中立で正しいとは限らないことに気付かせ、食の安全という正解のない問題に多面的に迫りながら、考える力や批判力を付けさせたいと考えた。

販売店の事情、消費者の判断それぞれが拠り所とする１つに基準値がある。したがって基準値については、現在の基準値だけでなく暫定基準値、チェリノブイリ原発事故が起こったウクライナ、ドイツ、EUといった複数の国の基準値について示し、日本の現在の基準値を客観視しながら考えられるようにした。

●ドイツのように日本の基準値も年齢別に細かく分ける必要がある。
●日本はウクライナと違って一般食品の基準値がまとめられている。ウクライナの方が細かくわかりやすい。
●どの国も、よく飲む飲料水は基準値が低い。

その後、基準値の授業のまとめとして「基準値以下なら安心できる」と「基準値以下でも安心できない」についてディスカッションした。

【基準値以下なら安心できる】
●一部の専門家も国も認めた基準値だし、考えすぎれば何も買えないし、食べられないと思う。
●日本の基準値が100であって、超えてないのに「安心できない」というのはなぜだろうと私は考えています。
●福島産は放射性物質の問題でだめだという人がいるけど、僕はそうじゃなく、同じ日本人の仲間として、基準値以下は安心と信じて福島産のものを食べる。

【基準値以下でも安心できない】

●日本の基準値は100とあまり低くありません。自分が買う商品が1Bqか99Bqかなんて私にはわかりません。それに私たちはまだ子供です。小さい子も沢山います。しかし日本では乳児だけ基準値が分かれていて、幼児より上は大人と同じ扱いになります。もしも99Bqで大人が大丈夫だとしても、幼児や私たち子供が大丈夫だという保障はどこにもないのです。

●福島などの人も一生懸命つくっているので買ってあげたいと思う。でも全体的に日本の基準値が高いのでもっと低くしたら安心して買える。なので、日本も福島などの人たちのため、そして消費者が安心できるため、他の国のように基準値を見直してもらいたい。

（5）消費者と生産者が安心できる食生活を考えよう

これまでの授業では、主として私という消費者側から食の安全を考えてきた。しかし、食の安全を願うのは生産者側も同様なはずである。5次の授業では、生産者の気持ちを推察しながら消費者と生産者双方が安心できる食生活について考えた。

生産者の気持ちを推し量るために、まず「自分が被災地に住んでいたら、一番の願いは何か」や「自分の家が被災地で農業や漁業を営んでいたら、一番の願いは何か」についてブレーンストーミングを行った。

●前の生活に戻りたい。

●早く放射線を取り除いてほしい。

●安全な食べ物や安全な生活がほしい。

●悪い風評を流してほしくない。

その後、班ごとに「消費者と生産者が安心できる食生活」について考え発表した。1人で考えるのには限界があることや、中にはなかなか考えられない子供もいる。班活動により、考えを深めたり、友だちの意見を聞きながら自分の考えをつくったりできると考えた。

●放射線の基準値を「安全なら安全」とはっきりさせればいい。そのために「具体的な数値を示す」「数値を示すときは一緒に基準値も示す」「放射線についてもっとみんなに知ってもらう」。もっと知ってもらうためには、「私たちがポスターをつくる」「お店（スーパーなど）の中で知る機会（勉強会）をつくる」「お店の場所を借りて、私たちから地域の人に情報を拡げる」「市の広報誌に記事を載せてもらう」「いろいろな専門家に演説してもらう」。

●もっと細かく基準値の食品分類の種類を増やし、日本のセシウムの基準値を下げたら安心できると思う。

●国が福島の野菜などを責任をもって検査する。

●豊かで安全なところで新鮮な野菜をつくる。豊かで安全でなかったらつくる場所を変わり、そのつくっている人の技術を生かして、おいしく安全なものをつくる。

●原発をなくして他の電力で電気をまかなえばいいと思う。

参考文献

木村真三監修、坂内智之文、柚木ミサト絵『放射線になんか、まけないぞ！』太郎次郎社エディタス、2012年

子安潤、塩崎義明編著『原発を授業する――リスク社会における教育実践』旬報社、2013年

森達也（毎日小学生新聞編）『「僕のお父さんは東電の社員です」――小中学生たちの白熱議論！　３・11と働くことの意味』現代書館、2011年

第8章

複数の領域をつなげた授業展開

はじめに

領域は教育内容の枠組みである。例えば、衣食住という生活行為や家族に着目した領域では、科学的に体系化された知識と結び付けて捉え直すことで生活を相対化するために役立つ。その一方で、実際の生活行為は多様な側面から自己と結びついているために、直面している生活課題は複雑である。よって、系統的に学びやすい1つの領域を学ぶだけでなく、複数の領域を重ね合わせ領域をつなげる視点を工夫することで、より児童・生徒の日常生活に根ざした授業を展開することができる。そして、授業の学びを通して家庭生活や生活行為に新たな意味が生成するとき、児童・生徒は自らの生活や生き方に即して生活課題の解を考えることができる。

本章では、複数の領域をつなぎあわせて授業をデザインする考え方について学ぶことで、児童・生徒の成長を促し自ら生活を意味づけ幸福に生きる力を育む授業展開について考える。

第1節　領域と学習課題

領域のつなげ方によって学習課題へのアプローチの方法や学習プロセスが異なる。ここでは、学習指導要領の領域を踏まえた上で、多角的に生活を捉える学習の目的について考えてみよう。

1. 学習指導要領における領域

2008年の学習指導要領の改訂から、小・中学校の学習指導要領では、内容の系統性と連続性を重視し**表1**に示すようにA～Dの領域が設定されている。高等学校ではA～Dの領域設定はされていないが内容は対応している。この系統性と連続性により、自立を促し生涯を見通した生活についての学びを深化・発展させる視点が明確になり、教師の教え易さや子どもの理解のし易さにつながっている。

また、学習指導要領では、題材の構成にあたり児童・生徒が自分の生活

表1　学習指導要領における家庭科の領域と内容

<table>
<tr><th>領域</th><th>小学校</th><th>中学校</th><th colspan="2">高等学校（家庭基礎）</th></tr>
<tr><td>A
家族・家庭</td><td>A 家庭生活と家族
(1) 自分の成長と家族
(2) 家庭生活と仕事
(3) 家族や近隣の人々とのかかわり</td><td>A 家族と子どもの成長
(1) 自分の成長と家族
(2) 家庭と家族関係
(3) 幼児の生活と家族</td><td>(1) 人の一生と家族・家庭及び福祉
ア 青年期の自立と家族・家庭
イ 子どもの発達と保育
ウ 高齢期の生活
エ 共生社会と福祉</td><td rowspan="4">(3) ホームプロジェクトと学校家庭クラブ活動</td></tr>
<tr><td>B
食生活</td><td>B 日常の食事と調理の基礎
(1) 食事の役割
(2) 栄養を考えた食事
(3) 調理の基礎</td><td>B 食生活と自立
(1) 中学生の食生活と栄養
(2) 日常食の献立と食品の選び方
(3) 日常食の調理と地域の食文化</td><td rowspan="3">(2) 生活の自立及び消費と環境
ア 食事と健康
イ 被服管理と着装
ウ 住居と住環境
エ 消費生活と生涯を見通した経済の計画
オ ライフスタイルと環境
カ 生涯の生活設計</td></tr>
<tr><td>C
衣生活・住生活</td><td>C 快適な衣服と住まい
(1) 衣服の着用と手入れ
2 快適な住まい方
(3) 生活に役だつ物の製作</td><td>C 衣生活・住生活と自立
(1) 衣服の選択と手入れ
2 住居の機能と住まい方
(3) 衣生活、住生活などの生活の工夫</td></tr>
<tr><td>D
消費生活と環境</td><td>D 身近な消費生活と環境
(1) 物や金銭の使い方と買い物
(2) 環境に配慮した生活の工夫</td><td>D 身近な消費生活と環境
(1) 家庭生活と消費
(2) 家庭生活と環境</td></tr>
</table>

に結びつけて学習できるよう、相互に有機的な関連を図り指導の効果を高めることが示されている。さらに、他教科との関連性を明確にすることや道徳の時間との関連を考慮して適切な指導をすることが示されている。

2．領域の連携と家庭科の学習課題

学習指導要領では、内容をより実践的に児童・生徒の生活課題に即して授業を展開するために領域を関連づけるように指示されている。言い換えれば、現実の生活は複層的にさまざまな要素が絡まりあって構成しているということでもある。よって、領域の連携は社会が直面している課題を発見したり、自分の生活との関係を整理したりする学習経験につながる。

さらに、その課題に対する応答を手がかりに、自分が生活に対してどのような価値に重きを置いている存在なのか、自己に関心が向くような構成にすることも重要である。さまざまな価値観をもつ他者と社会を形成する一員として、自分とは如何なる者であるかという気づきとともに、生活への価値は明確になるものであろう。堀内〔2013〕は家庭科教育の役割を「生活に対する価値観を形成するためのフィルター」と表現している。家庭科の学習の目的は、１つの生活課題に関する科学的な知識を理解し解決策を考えるだけではなく、その解決策に内包される生活の意味を認識することでもある。そのためには、生活の中に埋もれている問題を問い直す視座と、多様な意見を交差させながら、日々の生活や将来の生き方について思考を深める工夫が必要である。

第2節　領域をつなぐカリキュラムデザイン

それでは領域の結びつけ方について具体的に考えてみよう。教師が授業をするためには、その授業の目的と指導計画との関係を明確にする必要がある。指導計画を考えるまとまりとしては単元の指導計画と年間指導計画

の２つがある。さらには小学校２年間、中学校３年間というより長いスパンで児童・生徒の学習経験の枠組みを考えることで、領域横断的な指導計画の構成の精度を高めることができる。複数の領域をつないで授業を実践するための計画立案の要点を考えてみよう。

1.「教科書を教える」から「教科書で教える」へ

教科書は年間指導計画を立て、単元ごとにまとまった知識・技術を教えやすいように構成され、関連する他の領域の内容とも結びつけやすい工夫がなされている。教科書の内容に地域の農・畜・水産物とそれを活用した食文化や行事、伝統的な衣・住生活などを取り入れることで、児童・生徒の生活や環境・文化に根差した学びを深めることができる。この様な教材は例えば食材の生産・消費・文化・栄養・調理といったように幅広い内容をつなぎ合わせた学びとして構成しやすい。そう考えると、教科書はあくまでも共通教材であって、教科書で教えることが重要であることがわかる。領域横断的な視点で授業を立案するためには、教科書の流れに即して授業を展開するだけでなく、授業の目的と指導計画での位置づけが重要となる。

また、領域を横断する柱に男女共同参画社会やグローバル経済と個人化社会といった現代的な課題を位置づけることで、複数の領域をつなぎ合わせた構成にすることもできる（実践例６〔pp. 129〜134〕参照）。社会の変化が日常の生活に影響を及ぼしていることへの認識を深め、社会との関係から生活を見つめ直すことで、新たな生活課題の発見につなげることができる。

2. 領域を多層的につなげるためのカリキュラムデザイン

家庭科の学びが自己の生活について思考を深めるためには、社会との関係を学ぶだけでは不十分である。自分の生活を相対化するということは、自分自身の生活に対する価値観を問い直したり、生き方を見つめ直したりすることが含まれている。つまり家庭科の学習を通して生きるための課題と向き合うということもできる。よって、学習課題を児童・生徒の発達課題と結びつけて領域横断的な視点で指導計画を立てる工夫も可能である。

例えば、荒井［2005］は青年期の発達課題と学習課題を対応させ「生活を自立的に営む」「生活に主体的にかかわる」「平等な関係を築きともに生きる」の３項を設定している。さらに家庭科の特性を考慮して「生活を楽しみ味わい創る」を加え、４つを学習課題の柱に据えている。そして学習領域とこれらの学習課題の２軸によるマトリクスを作成して小学校、中学校、高等学校の段階別に学習題材を位置づけている。

この様に生きるための課題を学習課題と結びつけて、テーマに沿って学習領域を横断的につなぐと、学習課題の広がりと深化を明確にした上で指導計画を立案することができる。

3. 生活を意味づける力を育む

前述の荒井の例を挙げるまでもなく、自立と共生は家庭科学習の大きなテーマである。ところが自立と共生の両方を社会的課題として論理的に整理することは可能でも、自己の生き方の問題として考えたとたんに、自己と他者の関係に対峙せざるをえなくなる。これは個人化社会に生きる現代人にとって大きな葛藤を孕んでいることは想像に難くない。

そのような課題に向き合うために身近な問題から考えるヒントを見つけてみよう。児童・生徒の個々の解はオープンエンドであることを前提に、社会的課題を自分との関係から考えられるような工夫が有効である。

ここでは中学校の住生活の学習を例に考えてみよう。住生活は家族と生活を営む住居について学ぶので、学習指導要領の「A　家族・家庭と子どもの成長」と「C　衣生活・住生活と自立」が関わっている。学習指導要領の住生活に関わる内容は「家族の住空間について考え住居の基本的な機能について知ること」と「家族の安全を考えた室内環境の整え方を知り、快適な住まい方を工夫できること」である。自立のために「住居の機能」や「室内環境の整え方」を知ることが中心となった内容である。

これを生徒の自立への関心と結びつけた教材が実践例5（pp. 124〜128）である。「子ども部屋」をテーマとすることで住空間の機能と家族との関係をつなげて考えることができるように設定した。ここでは個人空間がなぜ必要なのかという問いの中で、家族との関係を見つめ直すとともに空間の機能を理解することがねらいである。

日本では親が空間の管理と子どもの自立との関係を明確に意識して子どもに部屋を与えることは少ない。日本では子どもの部屋への閉じこもりが問題となるが、海外では叱るときに子ども部屋に閉じ込めて自由を奪うというしつけ方もある。海外の事例を参考にして個人空間として与えられる自由の在り方を考えることで、個人と家族、その延長として個人・家族と社会との関係を考えることができる。学校での学びによって生徒自身の成長や生活を相対化させて自己の葛藤を孕む問題として捉えることができたとき、自らの生活を意味づける力を育てることができるといえるだろう。

第3節　幸福に生きる知恵を育む授業

複数の領域をつなぐ意味は、日常生活の特性である総合的な関わりから学習課題を捉え、学んだ専門的な知識を活かして自らの生活を意味づける力を育てることにある。つまり生活を意味づける力とは科学的知識を生活当事者の知恵に紡ぎ直す力をつけることである。

1．領域ごとの知識・技能と生活者という当事者性をつなぐ

家庭科の授業は日常生活を科学的根拠に基づいて批判的に検討し、幸福に生きるため自らの生活をよりよくすることが目的である。そのためには、科学的知識を理解し活用する力が必要である。その一方で、日常生活を多元的・複雑に表出するグローバル化の影響から読み解いたり、高度に専門化し増大し続ける科学的知識・技術を幸福な生き方につなげたりして思考

を深めることは容易なことではない。同様に、家庭科の中で道徳の時間との関連も図る必要があるが、流動化する社会に生きる児童・生徒にとって、既知の道徳規範から捉えるだけでは、一連の生活行為における一貫した根源的道徳的価値と結びつけることは難しい［後藤 2011］。なぜなら科学的普遍的な知と個々に条件づけられた生活に応用した場合の最善の知には異なりがあるからである。幸福に生きる力を育てるためには、自己の生き方に対して「自由」に責任を負うという課題に対峙するという点において科学的知識・技能と生活者という当事者性をつなぐ授業でなければならない。

鈴木［2013］は科学的思考とそれ以外の知である知恵の違いについて、科学的思考が事象を分析・解明するための対象となる「もの」として捉えるのに対し、知恵は体験や経験、広義の文化を土台として自らを成り立たせているその土台自体を問う「こと」として事象を捉えることだという。かけがえのない個物とて自己と他者が存在するということは、限定的な時空の中で与えられた限界によって死と再生の循環という知恵を生み出すことに他ならない。幸福に生きる力とは、客観的普遍的な知識を獲得することではなく、それを知恵として紡ぎ直す力なのである。

2. 共に生きる知恵を紡ぐ

こう考えると、家庭科でのアクティブラーニングの意義が見えてくるであろう。アクティブラーニングの手法は多様であるが、学んだ知識やこれまでの経験に基づいて、課題に対する最もふさわしい解を導き出せるように他者と自己の声に耳を傾け、他者と共に知恵を紡ぐことである。科学知や他者のことばを織り込んで生まれる自分のことばは、「協同性」という新たな知として表出する［後藤 2014］。

田中［2012］は幸福概念の存立条件には生の様態としての「協同性」が不可欠であるという。田中は「協同性」を「自己を他者へと拡げるとともに、世界・自然へと拡げる営み」であるという。個人化する社会において「協同性」を形成する経験は難しくなっている。つまり、家庭科の学びの中で、他者への思考が自ずと生まれるとき、自立と共生は対立概念ではなくなり幸福を生み出す源となる。家庭科の学びは領域横断的に総体としての生活を学習課題とし、アクティブラーニングを行える教科だからこそ、この「協同性」を基底として幸福に生きる知恵を育むことができるというよう。言い換えれば、生活を領域横断的に捉えながら実践的・体験的であるアクティブラーニングを行うことが家庭科において最も重要な学びである。

おわりに

個人化する社会では、社会の矛盾を個人の生き方の課題として解決を迫られる。だからこそ課題を解決するための土台となる力を身につけ、自立と共生という生活課題を自己のライフデザインの問いとして思考を深める学びが重要である。授業を計画するにあたって、生活を領域横断的に行うからこそできる学びを明確にすることで、教師は児童・生徒とともに「協同性」を形成する学びをつくることができる。

参考文献

荒井紀子編著『生活主体を育む――未来を拓く家庭科』ドメス出版、2005年

後藤さゆり「第５章 〈大人になること〉の難しさ」『子ども・若者の自己形成空間――臨床教育人間学のまなざし』東信堂、2011年

後藤さゆり「第６章 家庭生活における道徳教育」『教職シリーズ４ 道徳教育論』培風館、2011年

後藤さゆり「第３章 知と生活が絡み合う学校空間（スコレー）」『教職概論（新・教職課程シリーズ）』一藝社、2014年

鈴木晶子『知恵なすわざの再生へ――科学の原罪』ミネルヴァ書房、2013年

田中智志『教育臨床学〈生きる〉を学ぶ』高陵社書店、2012年

堀内かおる『家庭科教育を学ぶ人のために』世界思想社、2013年

自分の成長と住環境（中学校）

住居や地域といった住環境を機能的空間から理解を深めるだけでなく、自己の成長と照らし合わせた意味空間として考察することで、住まい方に対する認識を深める。

1．単元計画（配当時数）

第1次　自分の居場所の変化（1時間）

・住まいや地域の中でよく過ごした場所（居場所）を手がかりに、幼少期から青年期までの住まい方、過ごし方の変化に気づき、成長に必要な住環境について考える。

第２次　家族と住まいのかかわり（1時間）

・住宅広告を持ち寄り、「○○さんの家族」（教員が想定家族を指定）が住みやすい家を話し合う。生活行為と住空間の関係を理解し、家族の暮らし方によって住み方が異なることに気づく（○○さんの家族には、生徒と同年代の子どもがいると第３次で活用しやすい）。

第３次　子ども部屋は必要？（1時間）…本時

・日本の子ども部屋と世界の子ども部屋での過ごし方の違いを手がかりに、個人空間の役割と家族関係について考える。

第4次　家族が気持ちよく住むためのルール（１時間）

・これまでの学習を踏まえて、個人空間と家族共有の空間の住まい方の工夫について考える。

第５次　「地域共生のいえ いいおかさんちであ・そ・ぼ」（世田谷トラストまちづくり）から学ぶ共に住み続ける家（2時間）

・住まいを地域に開く住まい方を手がかりに、住まいと地域の関係について理解を深め、共に住み続ける住環境の工夫について考える。

2．準備するもの

世界の子ども部屋に関する資料

3．本時の授業展開

（1）子ども部屋の使い方を考えてみよう。

前時の「○○さん家族」の住まいでは、子ども部屋のある住まいを選んだ生徒が多くいました。

○もし希望が叶うとしたら、どんな子ども部屋がいいでしょう。
○掃除をだれがするか、何を置いていいか、壁に貼ってよいものなど、使い方のルールはどう決めるのがいいでしょうか。

●自分専用の部屋でベッドがある
●テレビ・パソコン・冷蔵庫がそろってホテルみたいな部屋
●勉強は居間でする方がいい
●自分の自由にできるのが自分の部屋ということ
●掃除は汚れたら親にやってもらう
●片付けは自分でするから家族は出入りしてほしくない

（2）アメリカ、ベルギー、日本の子ども部屋に関する資料から違いについて考えてみよう。

アメリカ、ベルギー、日本の子ども部屋に関する資料から、ルールの違いなどを考えてみましょう（次頁**表1**）。

日本の住まいは、部屋の機能が単独ではなく、複数の行為が行われることが多くみられます。また、子育てに関する目標や方法もアメリカ、ベルギーといった個人主義の国とは異なり、日本では集団の和を重んじる傾向があるため、子ども部屋という個室の与え方に大きな違いがみられます。

日本でも個人主義が浸透して個人のプライバシーが尊重されるようになりましたが、家庭において「個人」という考え方にはまだばらつきがあるのではないでしょうか。

親から一定の距離をとりたいと考え始める生徒もいると思いますが、自立するとは「独立した自己」と「社会的な自己」を確立することであり、家族との関係について見つめることはその重要な第一歩になることでしょう。子ども部屋の意味と使い方を通して、自分の家族との関係を見つめるとともに、それぞれの家族

表１　子ども部屋の国際比較

国名	子ども部屋の特徴と家庭生活	子どもに個室を与えることに対する考え	子ども部屋の管理	家族のルール	鍵の有無
アメリカ	大半は屋根裏部屋を利用。子ども部屋はクローゼットを持つ「寝室」。壁やドアに好きなスターのポスターなどを張り付けて、独自の空間を楽しんでいる。部屋は着替えなどの身繕いに使われ、帰宅後と夕食後に居間でくつろいだ後、自室で宿題をしたり音楽を聴いたりして過ごす。テレビやファミコンの所有率は約５割で、日本より高いが、部屋に閉じこもる傾向はみられない。平均14.1㎡。	子どもの発達の目標は自立の達成にあり、大半の親が経済的に許す限り「可能な限り早くから個室を与えるべき」「独立心を育てるために占有の空間が必要」と考えている。	掃除、衣類の収納、ベッドメーキング、家具の配置などの管理は子どもの責任として幼少期からしつけられている。	親の権威が強く、ルールを定め、それを破ったら罰を与える。叱るときは、ほとんどの親が個人の自由を拘束し「自室に閉じ込めて反省を促す」。	扉に鍵がついている部屋は１割で、その場合でも、扉の開閉で意思表示をし、鍵は使われていない。入室時にノックするのがマナー。
ベルギー	屋根裏部屋が15部屋中半数程度見られ、比較的広い。子ども部屋はベッドとクローゼットと勉強机のある「寝室」で、それ以外にも、15人中５人が子ども専用の部屋を複数持っていた。15室中４室でテレビの持ち込みがあったが、閉じこもりは問題化していない。くつろぎやプライバシーを求める行為が子ども部屋で行われ、個室として機能している。共稼ぎ家庭が多く存在するにもかかわらず、大人と子どもの生活時間帯が存在し、日常的に家族でディナーを取っている。平均16.6㎡。	個人尊重の意識が高い。「親と子は別々の寝室で寝るべき」「０歳から１人で寝る習慣が当たり前」「子どもが１人になれることは重要」「互いに頼りすぎないようにするべき」など、できるだけ生まれたときから占有室を与えるのが望ましいと考えている。	掃除、衣類の収納、寝具の整理・管理は大半の子どもが母親に依存している。成人するまでの母子の密接な関係が子どもに自信を持たせ強く生きていく源になっている。	母親の入室頻度が高く、人生について話す、遊ぶ、お休みのあいさつをするなど、子どもの成長に伴いより積極的に子どもとコミュニケーションを取っている。叱るときは自室に閉じ込めるタイプ。	鍵のかかる部屋は15室中９室あり、日記帳など鍵のかけられるものを半数の子どもが持っている。
日本	日本では、居間の片隅に子どもの居場所をつくるほうが受け入れられやすい。しかし、この調査では「子どもに自主性を持たせるため」という理由で８割が子ども部屋を与えていた。部屋には必ず学習机があり勉強の場として提供されている。学習机は勉強のためのさまざまな機能がついた日本独特の家具で、小学校入学時に与えられる。平均11.0㎡。 1970年代後半から日本で家庭内暴力や不登校が問題となり始め、『子ども白書'80』では「子ども部屋は一家団らんの機会を減らし」「非行の温床になっている」との指摘がみられ子ども部屋批判が高まったが、当時の調査でも子ども部屋普及率は８割以上と高かった。	部屋を与える時期は11～12歳になってからというのが一般的。集団の和を重んじる日本では幼いころから「独立した自己の存在」という個を意識した子育て方法を取らないことが部屋の与え方に反映されている。日本では部屋の機能を独立させずに重層的に使う傾向があるため、子育てにおいても重層的な使用を促している。	高校生になっても掃除、衣類の収納、寝具の整理を自分でしている者は３～４割で、母親が部屋の片づけをはじめ身辺の世話を中心とした世話型管理をしている。	親の権限はあまり強くなく、親は子どもの様子を「見る」必要を感じる一方で、積極的な行為の共有による会話型コミュニケーションが少ない。母親の７割以上が子どもの年齢にかかわらず入室している。叱るときは、部屋への「閉じ込め」ではなく「この家から出ていきなさい」と家族集団からの追放を暗示させる。	部屋に鍵はついていない。扉を閉める理由は、外部音の遮断や冷暖房などの物理的理由が多い。

出典：［北浦 2004］をもとに作成

に適した「住まい方」をつくっていくことが大切であることに気づく取り組みにしましょう。そのためには、教師がワークシートを準備し、生徒が違いや気づいた点をまとめられるとよいでしょう。

①子ども部屋の特徴と家庭生活

●アメリカ、ベルギーは寝室だけど、日本は勉強部屋。

●日本で子ども部屋が批判されたのはおかしい。

②子どもに個室を与えることに対する考え

●小さい頃に１人で寝るのは寂しい。

●アメリカ、ベルギーと日本で部屋を与える目的が違う。

③子ども部屋の管理

●アメリカとベルギーは部屋の目的は同じなのに、親のかかわり方が違う。

●親が掃除してくれる間はそれでもいいと思う。

④家族のルール

●アメリカ、ベルギーと日本で叱り方が違う。

●困ったときは親に相談するから、普段は話さなくてもいい。

⑤鍵の有無

●鍵をつけるのは親が子どもを信用しているから。親を信用していれば鍵を使う必要はない。

●いつも親が入ってくるのは当たり前だから、部屋には秘密にしたいものはない。

（3）子ども部屋の使い方をもう一度考えてみよう。

授業の導入で考えた子ども部屋に対する希望をもう一度見直してみましょう。子ども部屋は単にホテルの個室のように快適な空間であればいいのではなく、個の自立のために有効な空間として利用されて初めてその意味があります。親や子の一方的な希望ではなく、家族の希望として互いに理解することが大切です。子ども部屋があるかどうかではなく、自分の家族と話し合いながら「住まい方」のルールをつくっていくことや、自分で部屋やスペースを管理できるようになっていくことが重要だということに気づくことで、次時とのつながりを持たせましょう。

●自分にとってだけ都合がいい部屋やスペースではいけない。
●これから自立することを考えて、使い方を家族と話し合ったほうがいい。
●親に自分を信じてもらいたいが、そのために自分も直すところがある。
●自立のための部屋だとは考えなかった。

参考文献

北浦かおる『世界の子ども部屋――子どもの自立と空間の役割』井上書院、2004年
住総研高齢期居住委員会『住みつなぎのススメ――高齢社会をともに住む・地域に住む（住総研住まい読本）』萌文社、2012年

これからの衣生活を考えよう（小学校）

――生産を意識した衣活の選択――

1．単元計画（8時間）

第１次　Ｔシャツを調べてみよう（２時間）
第２次　綿を調べてみよう（２時間）
第３次　綿を育てる人と服を着る私とのつながり（３時間）
第４次　これからの衣生活を考えてみよう（１時間）

2．準備するもの

Ｔシャツ、綿花、脱脂綿

3．授業展開

（1）Ｔシャツを調べてみよう

普段購入する衣服は、どこで、誰が作っているのか、またどのように生産されているのかを知る機会は少ない。ここでは、身近なＴシャツを取り上げ、生産者や労働者の課題から、自分の衣生活が世界とどうつながっているかを考えさせた。

まず子どもたちは、持ってきたＴシャツを観察する。

友だちのＴシャツと比べて気がついたこと。	
何（原料）でつくられていますか。	
どこで作られていますか。	

- ●同じＴシャツでも布の厚さや肌触りが違う。値段が違うのかな？
- ●値段が高いのはスポーツブランドのＴシャツだからなのかな。
- ●綿100%、中国製とあるよ。
- ●これは日本製と書いてあるよ。日本のどこで作られているのかな。

「Ｔシャツってどうやってつくられているの？」という子どもたちの疑問を受けて、Ｔシャツの製造工程に関するクイズで原材料から私のたちの手元にＴシャ

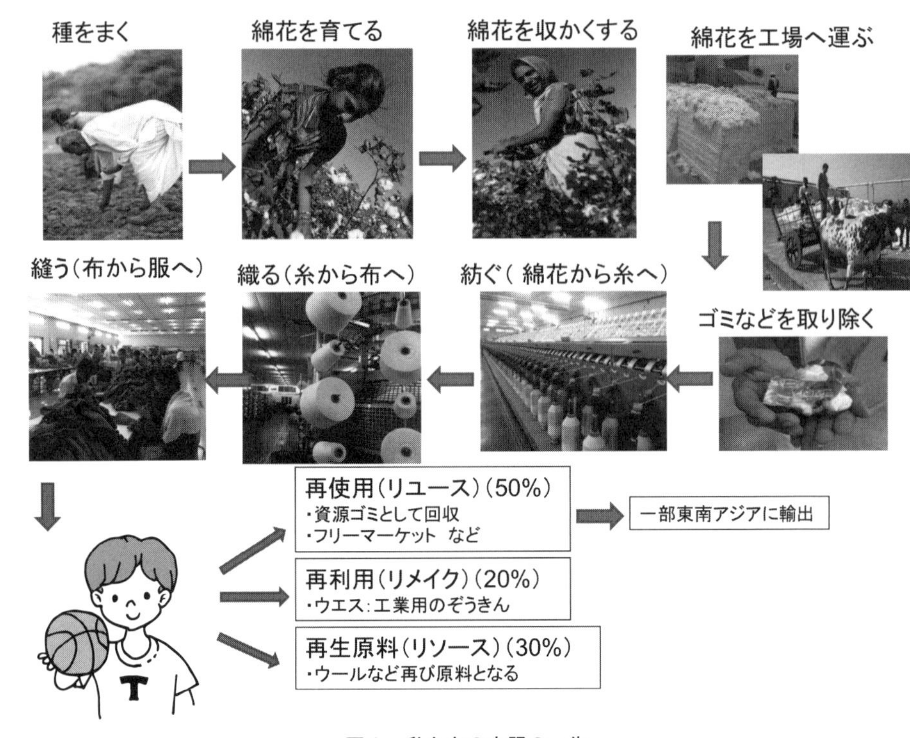

図１　私たちの衣服の一生

写真提供：鈴木美穂

ツが届くまでの工程を確認した。また、Ｔシャツの一生という視点から、いらなくなったＴシャツはどうなる？　という質問に、フリーマーケットに出す、お下がり、ぞうきんにするなどの意見が出て、被服のリサイクルと廃棄に関する課題を考えるきっかけとなった。

（２）Ｔシャツの成り立ちを知る——綿を調べてみよう

Ｔシャツなど綿製品は身近であるが、原料の綿花は見たことがないので、まず、綿花を観察させた。

●はじけた実の中にふわふわの綿が入っている。
●綿の中にたくさん種が入っていてびっくりした。
●種に綿がくっついて、種から綿を引きはなすのが難しいよ。

次に子どもたちは、綿花からとった綿を糸にすることに挑戦した。この活動は「糸のように長くならない」や「同じ太さにならない」などなかなか難しい作業となった。３本組み合わせて１本の強い糸ができていることを知った子どもは、裁縫の糸を分解して、細かい３本の糸に分解できたところも確認していた。

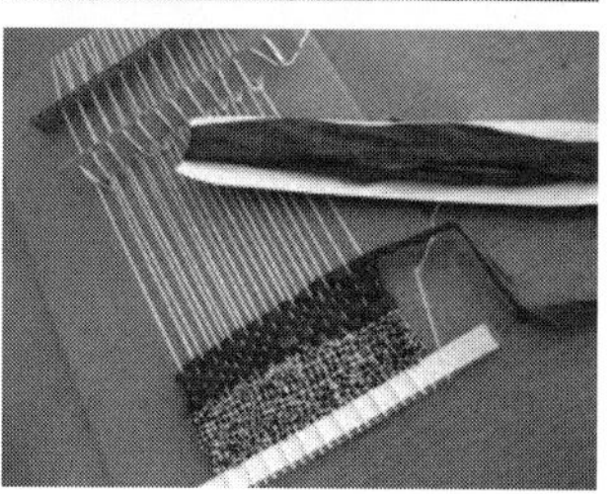

次は５㎝四方に切ったガーゼを渡し、糸を取り出させた。１本の糸が縦と横に組み合わさって布ができていることを確認した。

最後に、一度織られた布を切った糸で織る裂き織りを紹介した。着物や布などをハサミで切ったり、手で裂いたりして、糸を作る。太さや色・柄などさまざまなこの糸を使って織って作った作品を紹介した。

（３）綿を育てる人と服を着る私とのつながり

次に綿花は誰が、どこで、どのようにつくられているかについて調べることになった。綿花生産大国のインドに注目させた。

インドと日本のつながり

- 日本は、綿花を綿（わた）でなく、加工した糸として多く輸入している。
- インドで作っている綿花は中国へ多く輸出されていて、そこで製品化された衣料品が多く日本に入っている。

表１　世界の綿花生産の割合（2011年）

国　名	%
中　国	25.7
インド	24.9
アメリカ合衆国	10.7
パキスタン	8.6
ブラジル	6.6
その他	23.4

出典：総務省統計局　世界の統計2014

次に、インドで綿花を作っているある農家の家族のお話を読んで聞かせた。

アニル（12歳）は、インドの西部にある小さな村に住んでいます。アニルの家族は、お父さん、お母さんと２人の妹と２人の弟がいます。村から10km離れた小学校に通っていますが、家から歩いて1時間かかります。
アニルのお父さんとお母さんは、家のすぐとなりにある畑で綿花を育てています。アニルは、きょうだいで一番年上なので、種まきや収穫の時期などとても忙しくなるときには、学校から帰ったら家の手伝いをしなければなりません。アニルの友だちには、家が貧しくて、きょうだいの面倒をみなければならない子もいます。また、綿花を育てるには、肥料やたくさんの農薬が必要です。このように、綿花を育てるのは、時間もお金もかかります。
アニルのお父さんは、農薬を使っているときに、頭が痛くなったり、肌がかゆくなったりします。お母さんは、皮膚の病気になったことがあります。そんなとき、アニルはお父さんやお母さんのことが心配になります。

お話を聞いた子どもの感想

- 綿花を作るのはとても大変で、アニルさんも家の仕事を手伝っていました。
- 家は学校から遠いし、家の手伝いもあるので、大変だなと思いました。
- 綿花を作るにはたくさんの農薬が必要で、それを買うのにお金がかかる。
- アニルさんのお父さんは、農薬を使っているときは体調がよくないことがあるといっていたから、心配になった。
- 綿花を育てて収穫するまでには、とても手間がかかっていました。そして、綿花を育てるには、農薬をたくさん使うので、農薬を買うためのお金も必要でした。さらに、農薬をたくさん使えば、アニルさんのお父さんのように体調が悪くなったりする人もいるようです。
- アニルさんのような家族は多くいますが、綿花を作らなければ、生活することができないので、どうすることもできず困っているのです。

農薬を使わないで育てた綿である「オーガニックコットン」を取り上げ、それを使ったタオルやベビー服などの製品を紹介した。しかし、オーガニックコットンは世界の綿花の生産量の１％程度で、なぜ少ないのかという疑問が出て、それについて調べることにした。

オーガニックコットンは、３年間農薬や化学肥料を使わない土地で栽培され、認証を受ける必要がある。これまで農薬を使って綿花をつくっていた農家がオーガニックコットンの栽培に変えると、認証されるまでの３年間は販売できず収入が減る。そのため、オーガニックコットンが良いとわかっていても、オーガニックコットンの栽培に変えることが難しいことがわかった。このオーガニックコットンの栽培を支援するプログラムがあり、それに関わる鈴木さんを迎えてお話を聞くことになった。

図２　綿花をつくる農家で起こっている問題

●鈴木さん

インドの綿花を栽培する農家が、オーガニックコットンを栽培へ変えることを支援する活動をしています。私たちが取り組んでいるのは、

①オーガニックコットンの種を配る
②インドの農家の人にオーガニックコットンの育て方を教える
③オーガニックコットンのとして認められる手続きを支援する
④オーガニックコットンに栽培を切り換える期間に栽培した綿花を買い取り、プレオーガニックコットンとして、日本のみなさんに使ってもらう

私たちが支援している農家の人のお話を紹介します。

●カシムラさん

カシムラさん

オーガニックコットンを作り始めて２年になります。最初は、オーガニックコットンに変えれば収入が減って、もっと借金が増えると心配していました。しかし、そうではありませんでした。この支援を受けてから農薬や化学肥料を使わないので、綿を育てるのにかかるお金は減って、借金も少なくなりました。また、体の調子がよくなったのです。のどの痛みや皮膚のかゆみ

がなくなりました。

鈴木さんのお話を聞いた子どもたちは、自分たちが普段着ている服をつくるために世界には農薬で被害を受けて苦しんでいる人や綿の栽培に苦労している人がいること、作っている人へ栽培の技術などさまざまな協力や支援が必要であることなどを感想として挙げていた。

（4）第4次　これからの衣生活を考えよう（1時間）

第1次では、私たちにTシャツが届くまでにいろいろな過程があって、日本だけでなく世界中の人が関わっていたことを知った。第2次では、Tシャツの原料である綿花が、糸、布へとなる成り立ちを観察した。第3次では「Tシャツはどこでつくられているのか」を考え、オーガニックコットンの栽培支援にかかわる鈴木さんのお話を聞いた。これまでの活動を通じて、「Tシャツ調べを通して○○（誰か）に伝えたいメッセージ」というタイトルで、作文を書いた。子どもたちが伝えたい相手は、家族や友だち、下の学年の子どもたち宛の他に「自分」「綿花を栽培するインドの農家の人」「アニルさん」「（ゲストティーチャーの）鈴木さん」「日本で服を売っている会社」などもあった。子どもたちが一連の学習からさまざまな視点で衣生活を捉えたことを反映した結果となった。

参考文献

家庭科教育研究者連盟「安さを支える児童労働」NPO法人ACE代表、岩附由香氏へのインタビューから」『家庭科研究』№287、2009年、pp. 4～15
中野聰恭「古着の行方をたどる旅」『循環とくらし』№２、2012年、pp.62～66

伊藤忠商事、クルック「プレオーガニックコットンプログラム」
▶http://www.preorganic.com/
Tombow「私たちの服はどこから来るの？」
▶http://www.tombow.gr.jp/eco_project/ecogakusyu/organic-cotton/index.html
（URLはいずれも2015年８月１日最終アクセス）

第9章

交流を通して視点を広げる授業づくり

はじめに

世帯に占める核家族世帯の割合は高く、その中でも夫婦のみの世帯数の増加傾向がここ数年続いている（次頁図1・2）。こうした現状の中、生活の場の中心を学校とする生徒が、自分と異世代の乳幼児や高齢者と出会い、交流するという機会は極めて少ないと考えられる。乳幼児に関していえば、子どもを産んで初めて小さい子と関わった、という親も少なくない。児童虐待相談件数が増加の一途をたどっている現状では、乳幼児とふれ合う機会のないまま親になるという実態を看過することはできない。高齢者に関しては、高齢者の人口に占める割合が増加（図3〔p. 137〕）しているにもかかわらず、学校という同世代の集団の中で長い時間過ごす生徒は、そのことを実感する機会のないまま思春期、青年期を過ごすことになる。社会に参画していくとは、高齢者あるいは乳幼児とともに生活することでもあり、高齢者や乳幼児の視点から生活を見直すことも必要である。

本章では、乳幼児や高齢者と交流することで、乳幼児理解、高齢者理解

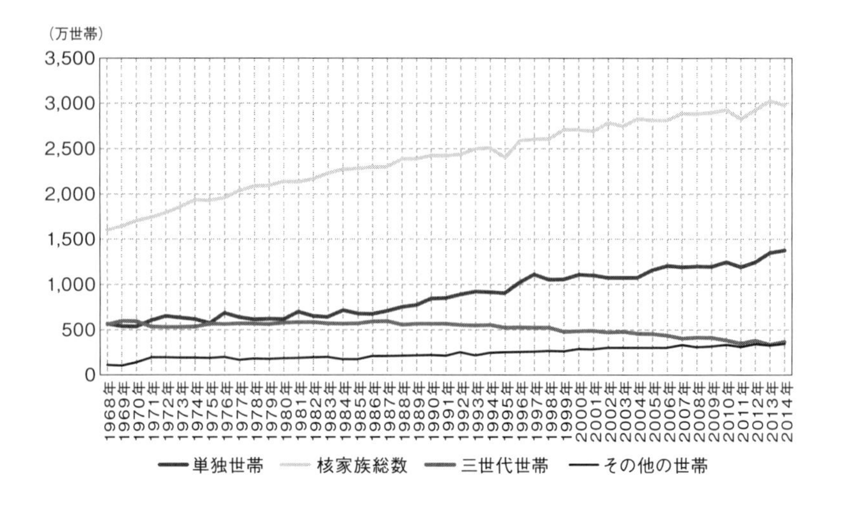

図１　種類別世帯数推移（1968～2014年）

出所：［厚生労働省 2014, ガベージニュース 2015(a)］をもとに作成

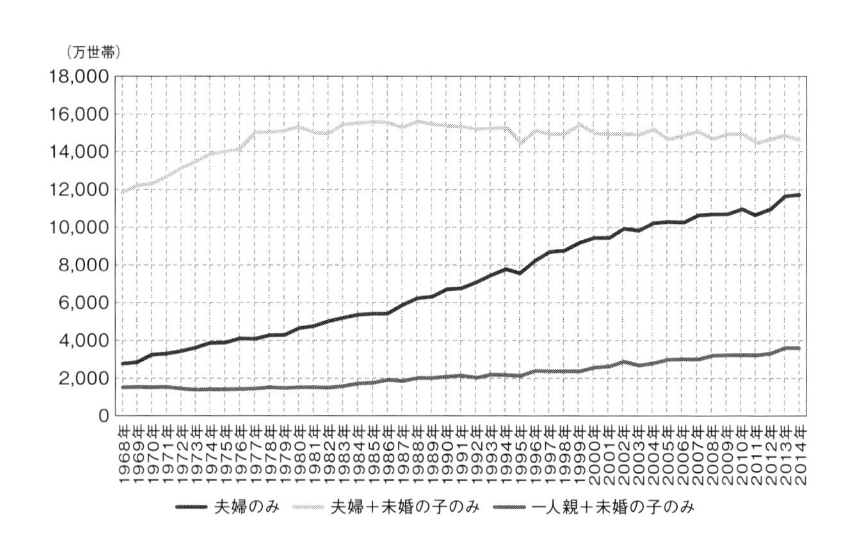

図２　核家族世帯における世帯種類別推移（1968～2014年）

出所：［厚生労働省 2014, ガベージニュース 2015(b)］をもとに作成

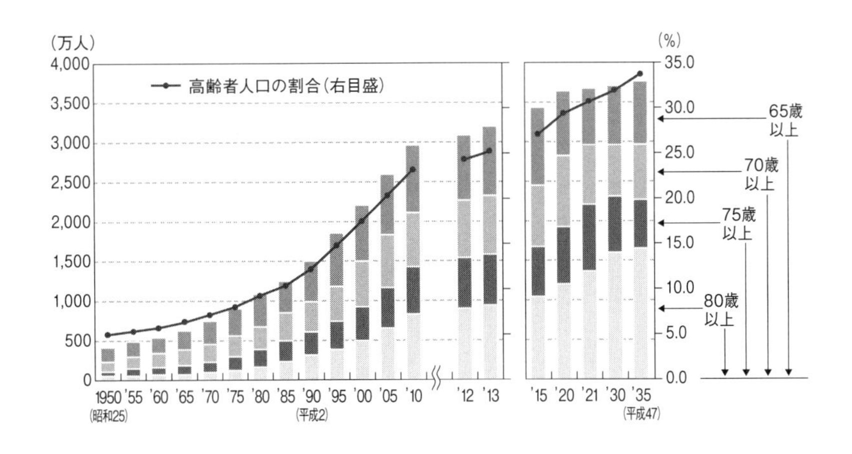

図３　高齢者人口および割合の推移

※2012・2013年は９月15日現在、その他の年は10月１日現在

出所：「国勢調査」(1950～2010年)、「人口推計」(20120・2013年) をもとに作成

だけに留まらず、幼児、高齢者の生活理解までつなげ、自分の生活との延長線上に幼児・高齢者の生活を捉えられるようにできる授業について考えていきたい。

第１節　交流の意義

1.　交流の必要性

先述したように、社会は異世代から構成されているにもかかわらず、学校生活が中心の生徒たちは、そうした世代とのかかわりを十分に持たないまま社会に参画していくことになる。義務教育の場で、また必修授業である家庭科の中で、異世代との交流を生徒に保障し、異世代への理解を促すことは、豊かな社会をつくるためには、とても重要なことである。

2．交流のメリットとは

生徒にとっては、異世代との交流が、さまざまなことを考える機会となっていることが、これまでの研究の蓄積からうかがえる。例えば、幼児とのふれあい体験の効果を検討した研究からは、小学校高学年から高校生にかけて下がる傾向にある自尊感情（図4）が、ふれ合い体験後に高まることが示唆されている（図5）。自尊感情は、学習や学校生活への参加の意欲と結びついてくるため、生徒の自尊感情を上げることが、大きな教育課題となっている。ふれあい体験によって、自尊感情が高まるのは、一緒に遊んだり世話をした子どもたちから、「ありがとう」「またきてね」「もうかえってしまうの」など、ストレートに感謝の言葉を伝えられたり、親しみのこもった態度を示されるからである。自分がとても必要とされているという、自分自身の有用性を感じることができる。自分自身がだれかの役に立てる、誰かのために何かをしてあげられる存在だと知ることは、自分への自信を取り戻すきっかけとなる。

その他にも、乳幼児や高齢者との交流の効果は、交流相手に対し肯定的

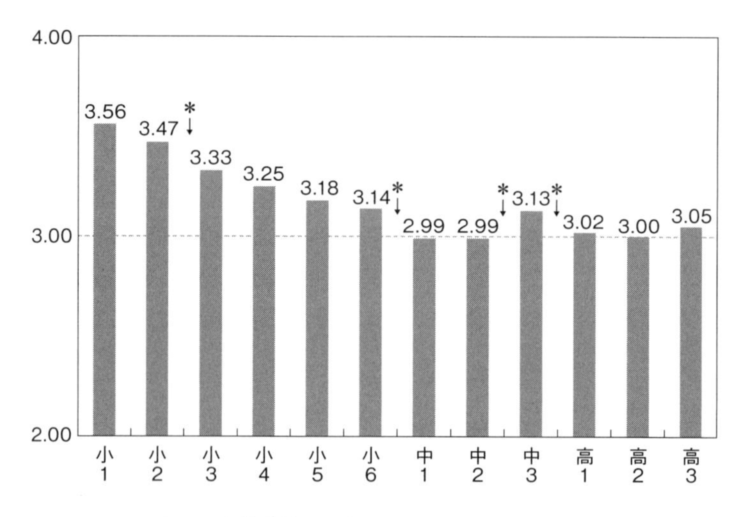

図4　自尊感情に関する調査（東京都2008年調査）

※＊印は、統計上有意差がみられたことを表す。

出所：［東京都教育委員会 2008］をもとに作成

なイメージを持つようになることがあげられる。一緒に話したり、食事をしたり、遊んだりする経験が、お互いへの理解に結びつく。

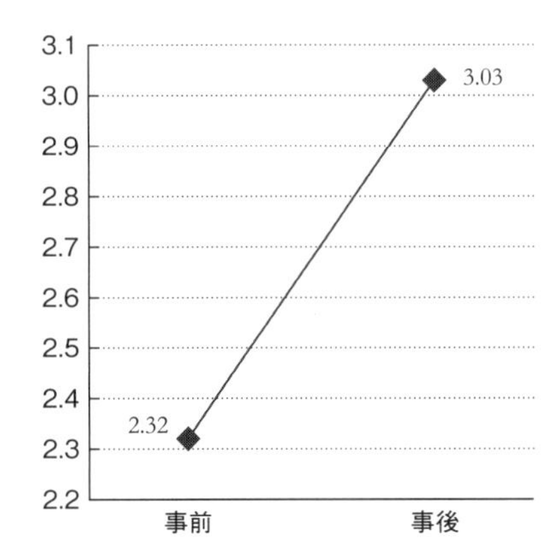

図５　実習前に自尊感情が低い生徒の自尊感情得点の変化

出所：[叶内・倉持 2014] をもとに作成

3. 交流の難しさ

上記のような効果が期待される交流は、ぜひ積極的に取り組んでほしいが、現状として実施をしていない学校も多くある。その最大の理由は、協力園や、協力相手を見つけることの難しさであろう。乳幼児とのふれ合い体験では１クラス40人の生徒たちを１つの園に連れて行くことを園側が受け入れない場合がある。しかし、実施して非常にうまくいっている実践は数多くある。こうした実践を蓄積し、園側に提示し、理解してもらうことが必要である。また、生徒にとっての直接的なメリットはもちろん、園側にとっても間接的なメリットがあることがイメージできると協力が得やすい。積極的に受け入れている保育園の園長が次のように語っていた。「生徒たちが、ここで子どもたちと出会い、遊んで、かわいいな、とか、こんなに自分たちのことをうれしく思ってくれるのか、とか思ってくれたら、やがて親になったときの子どもとのかかわり方に何らかの良い影響があのではないでしょうか。そうした子どもたちを将来私たちが保育することができたらうれしい」。この言葉を図に書く

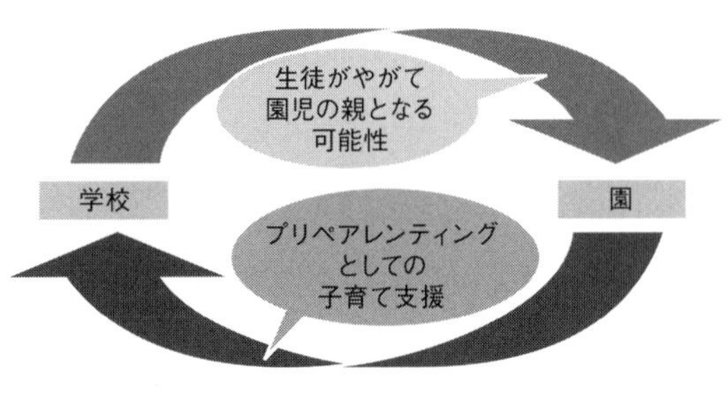

図６　循環型効果

出所：[倉持ら 2009] をもとに作成

と図6のようになるだろう。このような循環型の効果があることが園側にも理解してもらえたら、交流を引き受けてくれる園も増えていくことが期待できる。

高齢者との交流については、実践事例で記されているように、交流相手として地域の高齢者を選択することで学校と地域との連携も図れる。事前にどのような趣旨で交流を計画しているのかを伝えること、生徒が抱えている発達的な課題なども共有しおくことで、交流時の相互の理解が深まるだろう。

また、学校の他の教員にも理解してもらい協力を得ることで、交流はスムーズになる。生徒を学外に連れて行くときの付き添いを頼めたり、時間割の調整もしやすくなるだろう。そのためには、交流の意義を積極的に伝え、生徒にとっての必要性を共有してもらう努力が教師には求められる。

第2節　交流を通した授業

さまざまな効果を期待できる交流は、家庭科の授業で複数回実施できるわけではない。貴重な交流を深い学びへとつなげていくためには、事前事後の授業が極めて重要となる。家庭科の授業の一環として交流を取り入れるのであって、イベントとして取り入れるわけではないことを念頭に置いて、授業づくりを検討しなければならない。

1. 交流を中核とした授業づくり

図7は、ふれ合い体験を中核とした授業の考え方をイメージしたものである。ふれ合い体験でどんな体験ができるのかを予想し、その体験をどのような学びと結びつけられるかを考え、事前と事後の授業をつくっていく。このような流れのある授業はストーリー性をもっている。また、交流のような体験での学びを量的に捉えることは難しく、質的に捉えていく工夫が

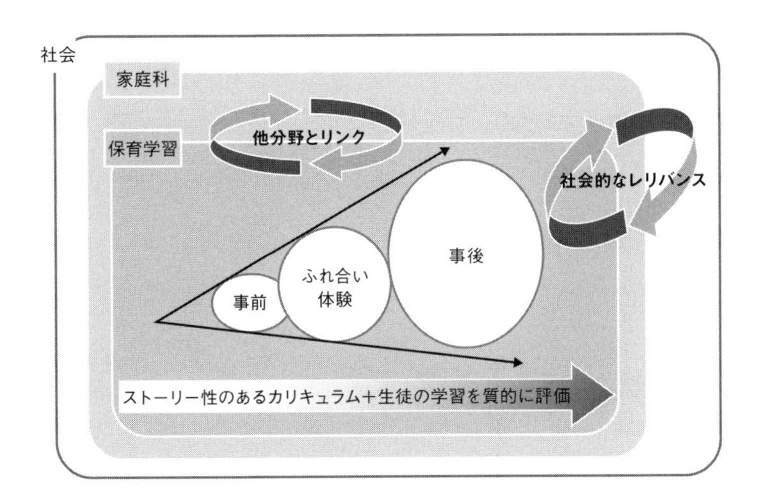

図7　カリキュラムの連続性

出所：筆者作成

必要になる。更に、ここでの学びを保育学習や高齢者理解に留まらせずに、食や住など、他の分野ともつながりを持たせることで、時間数が減少している家庭科でも深い学びが期待できる。

こうした授業によって、乳児とのふれ合い体験では乳幼児に対する情動的な体験を乳幼児の生活への学びに、そして、自分たちの生活との連続性の中で乳幼児を捉えられるようになるだろう。高齢者との交流では、社会や生活を高齢者の視点から捉え直し、家庭科で学んだ知識や技能の活用法に気づいたり、地域福祉の学びにつなげることができるだろう。

学校教育は、社会的レリバンス、すなわち、社会で実際に使える知識や技能を身につける社会的有用性が求められているが、このような交流を通した学びは、社会的レリバンスが非常に高いといえる。

2. 事前授業を考える

交流の形態が決まると、交流で生徒たちがどのような経験をするのか、予測を立てることができる。その経験からの学びが深まるような事前の授業を考えていく。例えば、乳幼児とのふれ合い体験で園を訪問する場合、自由に遊ぶ時間があれば、生徒たちは、子ども同士のいざこざや仲間入りなどに遭遇したり、運動遊びやごっこ遊びに一緒に取り組むことがあると予想できる。事前に、そのような場面での子どもの発達的な特徴や意義、あるいは保育者の役割を学んでおくことで、経験を通しての深い理解が期待できる。ふれ合い体験時にお弁当等を一緒に食べることができるのであれば、事前に乳幼児期の食の特徴や意義について学んでおくことで、実際の場面で納得することも多いだろう。また、乳幼児とのふれ合い体験は乳幼児との「かかわり方」を学ぶことも目標として挙げられているが、自分のかかわり方をふれ合い体験時にモニターすることはできない。事前の授業で、前年度などのふれ合い体験の様子をビデオなどで視聴させることもかかわり方を学ぶ上では有効である。他者のかかわり方やそれに対する幼児たちの反応を視聴することで、具体的なイメージができるだろう。

高齢者との交流の場合、実践事例で示されているように、高校生の参加意欲はそれほど高くない。思春期の生徒にとっては、自分の生活との接点がほとんど感じられない存在なのかもしれない。しかし、高齢者もかつては高校生であり、自分たちがたどってきたのと同じ発達過程をたどり、そして、自分たちがこれから経験する道を経てきた人たちなのだ、という理解を促すことで、高齢者への共感が生まれ、交流に意欲的に取り組むことができるかもしれない。また、生涯発達の観点から、高齢者も発達していく存在で有ることを学ぶことで、高齢者に対するイメージを変えることができるだろう。事前の授業の中で、交流する高齢者が高校生であった頃の時代的な背景を学んだり、生涯発達の観点から高齢者の発達的特徴を捉えることで、交流に意欲的に取り組むことが期待できる。

3. 事後の授業を考える

事後は、各々の体験を一度振り返り、それをクラスの中で共有していく。

この共有がなければ、体験は個人の中で留まり、視点を広げるものとはならない。他の授業にもいえることだが、一斉型の授業は、他者の話を聞くことで、新たな情報や知識を身につけることができる。

体験を振り返る方法として、ナラティブは有効である。ナラティブとは、自分の体験を時系列的に振り返りつつ、そこで自分が感じたことも記述してくことをここでは指している。感想文と違い、読み書き能力がそれほど反映されずに、生徒たちが積極的に取り組む姿が報告されている。この取り組みによって、生徒は自分の体験を整理することができ、授業の中で振り返りやすくなる。かかわり方で困ったことや、不安に思ったこと、楽しかったことや驚いたことなどを出し合いながら、幼児期や高齢者の特徴を整理したり、どのように関わっていけばよいのかを他の生徒の話からも学んでいくことができるだろう。

また、実践事例に示されているような振り返りシートを作成し、交流を通しての生徒の学びを意義付け、目に見える形で生徒に示すことで、漠然とした経験が具体的な学びの姿となって、生徒に意識化させることができる。教師側から提示する方法もあるだろうし、生徒からの感想を元に、体験での学びを生徒とともに類型化して整理していく方法もあるだろう。

具体的な授業のつくり方については、実践事例を参考にしてほしい。

第3節　他分野とのリンク

1. リンクの必要性

乳幼児も高齢者も、日常の生活があり、その中で中高生との交流がある。中高生と同様に食事をし、衣服を整え、住まいの中で暮らしている。そこには、中高生のかつての自分の生活があり、これからの自分の生活がある。他分野とリンクしていくことで、そうしたことに気づけることが期待できる。時間数が少なくなっている家庭科での学びを深めていくためには、交流を活かして他分野とリンクしていくような授業づくりが求められる。

2．リンクの例

乳幼児や高齢者との交流で、昼食やおやつを一緒に食べるような機会がある場合、乳幼児や高齢者の食を通じて、今の自分の食を見直すきっかけにもなるだろう。幼児や高齢者に見せるために食育劇や紙芝居を作成することで、食分野で学んだことを復習できる。

また、ふれ合い体験で幼稚園や保育園、高齢者施設を訪問すると、乳幼児や高齢者が過ごす環境についても学ぶことができる。園や施設が、どのような配慮をして環境を構成しているのかを事前に考えさせ、事後に訪問先の環境の写真を提示しながら整理していくことで、住環境の意図性に気づくことができるだろう。

このように、体験をきっかけとして、多方面に学びを広げることができる。そのためにも、教師がまず園や施設に出かけていき、どのようなことが体験できるのかを実感し予測しておくことが必要である。

おわりに

生徒たちの生活が学校中心になればなるほど、乳幼児も高齢者もいる社会の中で生活しているのだ、ということが実感できるような授業づくりが必要になる。その際に、必修教科であり、衣食住様々な分野とリンクしながら多面的に生活を捉えられる教科の強み、年間を通してストーリー性を持った指導計画が立てられることを十分に生かしてほしい。

参考文献

岡野雅子、伊藤葉子、倉持清美、金田利子「中・高生の家庭科における『幼児とのふれ合い体験』を含む保育学習の効果――幼児への関心・イメージ・知識・共感的応答性の変化とその関連」『日本家政学会誌』第63巻第４号、2012年、pp. 175～184

叶内茜、倉持清美「中学校家庭科のふれ合い体験プログラムによる効果の比較――幼児への肯定的意識・育児への積極性と自尊感情尺度から」『日本家政学会』Vol. 65、№２、2014年、pp. 58～63

倉持清美、伊藤葉子、岡野雅子、金田利子「保育現場における中・高校生のふれ合い体験活動の実施状況と受け止めかた」『日本家政学会誌』第60巻第９号、2009年、pp. 817～824

望月一枝ほか編著『生活の発見 生きる力をつける学習――未来をひらく家庭科』教育実務センター、2013年

ガベージニュース「増える核家族と独り身世帯…種類別世帯数の推移をグラフ化してみる」2015年(a)

▶http://www.garbagenews.net/archives/1953968.html

ガベージニュース「増える『子供無し世帯』『一人親と子供のみ世帯』…核家族の中身の推移をグラフ化してみる」2015年(b)

▶http://www.garbagenews.net/archives/1954557.html

厚生労働省「平成26年 国民生活基礎調査の概況」2014年

▶http://www.mhlw.go.jp/toukei/saikin/hw/k-tyosa/k-tyosa14/index.html

東京都教育委員会「研究主題 自尊感情や自己肯定感に関する研究――幼児・児童・生徒の自尊感情や自己肯定感を高める指導の在り方」2008年

▶http://www.kyoiku-kensyu.metro.tokyo.jp/09seika/reports/files/bulletin/h20/h20_01.pdf

（URLはいずれも2015年８月１日最終アクセス）

幼児とのふれあい体験を通して（中学校）

1．単元計画（14時間）

第１次　小さい頃を振り返ってみよう（１時間）
第２次　幼児の発達と生活について知ろう（２時間）
第３次　幼児とのかかわり方を考えよう（１時間）
第４次　ふれあい体験に向けて（３時間）
第５次　幼児とのふれあい体験（２時間）
第６次　ふれあい体験を振り返ろう（３時間）
第７次　ふれあい体験ガイドブックをつくろう（２時間）

2．小さい頃を振り返ってみよう

自分の幼い頃を振り返ることでたくさんの経験をしながら成長してきたことに気づかせる。中学生の中には幼児と接した経験がほとんどない生徒や、幼児の具体的なイメージを持ちにくい生徒もいる。これから学習していく幼児について、まずは自分自身の幼少時代を思い出すことで幼児のイメージをつくっていく。生徒の幼少時代に流行していたキャラクターの絵や、よく子どもに読まれている絵本を提示すると生徒たちは懐かしがりながら思い出し、当時のエピソードが色々と出てくる。可能であれば事前に家庭で小さい頃のエピソードを聞いてくるとよい。

■小さい頃のことを思い出してみよう①

大好きだった遊び、好きだった歌やテレビ、お気に入りの絵本、大切にしていたおもちゃ等、当時の思い出を振り返りワークシートにまとめる。

〈生徒の反応〉

●ノンタンの絵本がお気に入りで、家の人に読み聞かせてもらっていた。
●よくお友だちと幼稚園の砂場でままごとをしていた。

ここでは小さい頃にたくさんの「遊び」を経験し成長してきたことに触れ、遊びが幼児の成長に欠かせないものであるということに気づかせる。また、子どもたちが安心して遊べるように、周囲の大人が遊びの環境を整えてあげることの大切さを伝える。

■小さい頃のことを思い出してみよう②

小さい頃に自分が「悲しかったこと」「嫌だったこと」「悔しかったこと」の思い出をワークシートにまとめる。

〈生徒の反応〉

●お気に入りのぬいぐるみを友だちと取り合ってけんかした。

●朝保育園へ行くときに、お母さんと離れたくなくて泣いていたらしい。

生徒のエピソードから、幼児はとても未熟な存在であり、まだ語彙も多くないため、泣いたり、攻撃的な態度を取ったりして自己主張することを理解させる。また、「どうやってその出来事を乗り越えたのか」を取り上げることで、周囲の大人の存在に気づかせ、家族や園の先生など身近な大人との信頼関係の中で見守られながら成長していくことに気づかせる。生徒によっては自分の小さい頃を振り返ることが難しい場合がある。そのような生徒がいる場合は、絵本などを題材にしながら、小さい子のいる生活やその特性に気づけるようにするなどの工夫が必要である。

3．幼児の発達と生活について知ろう

幼児の発達について理解させる。幼児はさまざまな遊びを通して身体や運動機能、言語、情緒、社会性などが発達していく。発達には順序性があるが、幼児期は特に発達の個人差が大きいこと、幼児であってもしっかりとした主体性を持っているということはおさえておく。また、子どもの成長には信頼できる周囲の大人への愛着を形成することが不可欠であるということは必ず伝えたい。

■身体の発達・運動機能の発達

・子ども成長を追った年齢ごとの写真やビデオを用いて、身体の発達や運動機能の発達について学ぶ。

・３歳くらいの身長約１mになったつもりでしゃがみ、周囲を見渡してみた

り、利き手と反対の手に手袋をして絵を描いてみたりすることで、幼児の未熟な運動機能を体験する。

■言語・情緒・社会性の発達

幼児のいざこざ場面を設定し、ロールプレイングを通して言語や情緒、社会性の発達について考える。

4．幼児とのかかわり方を考えよう

ふれあい体験に向けて幼児とのかかわり方を学ぶ。幼児とかかわる上で最も大切なことは「幼児に安心感を与える」ことである。幼児の気持ちを受け止めたり、手をつなぐ等のスキンシップに応じたりすることで幼児の安心感が育っていく。次のような幼児の想像力豊かなつぶやきに対して、自分だったらどのような返事をするかを生徒に考えさせ、幼児に安心感を与える応答について学ぶ。

■幼児のつぶやき、あなたならどう答える？

Ⓒ：幼児　Ⓢ：生徒

雪が降る空を見て…

Ⓒ見て見て！　白くまさんが、お空でカキ氷つくってる。

Ⓢ本当だね。何味のカキ氷かな。

触って丸くなったダンゴムシを見て…

Ⓒダンゴムシさん丸くなっちゃった。恥ずかしがりやさんだね。

Ⓢダンゴムシさん、○○くんと会えてとーっても嬉しくてきっと恥ずかしくなっちゃったんだね。

生徒は、共感的な応答が幼児の安心感を生むということに気づくだろう。また、上記のような直接的な会話やスキンシップではなくても、近くに信頼できる大人がいて、見守られていると感じることが幼児の安心感につながることを伝え、幼児と目が合ったら笑いかけるなど幼児が安心できる環境づくりについても考えられるようにする。

5．ふれあい体験に向けて

■ふれあい体験での自分のテーマを決めよう

ふれあい体験をより充実したものにするために、テーマを持って体験に臨むとよい。テーマの設定にあたっては、これまでの生徒自身の生活を振り返り、衣食住の視点から幼児の生活を考えさせることや、実際の幼児の活動場面の映像を見せることで、ふれあい体験中の各自のテーマを挙げさせる。

テーマの例

- 幼児のお弁当は中学生と比べてどうか。
- 幼児はどんな遊びをしているか。
- 幼児同士がケンカをしたとき、保育者はどのように対応しているか。

■ふれあい体験の準備

ふれあい体験の中で行う幼児向けの食育活動の準備をする。劇やペープサート、クイズなどさまざまな方法がある。幼児にとってわかりやすいストーリーを考えたり、演じ方を工夫したりと、幼児の視点に立って考えることで幼児理解が深まる。

6．幼児とのふれあい体験

ふれあい体験当日は、生徒・幼児ともに気持ちが高揚している。特に幼児は中学生のお兄さんお姉さんと遊べることに興奮状態となり、周りが見えなくなってしまうことがあるので、体験先とのルールの共有や危険な行為について事前に確認をするなど、幼児と生徒の怪我には十分気をつける。また、幼児が嬉しさや恥ずかしさのあまり生徒が傷つくような言動や行動を取ることがあるということも事前に生徒に理解させておく。

■ふれあい体験当日の例

時　間：３・４時間目から給食と昼休みまでの時間を使って体験をする

体験先：中学校から歩いて行ける距離の幼稚園

人　数：中学３年生１クラス（約40名）、幼稚園児５歳児のみ（約40名）

時間	活動内容
11：30	生徒が園に到着、ホールに集まってあいさつ 幼児と中学生がペアを組む 園の先生主導の簡単な交流ゲーム（お引越し・じゃんけん列車）
11：45	生徒が準備をしてきた食育ペープサートを上演
12：00	班になって幼児と一緒にお弁当を食べる
12：30	幼児と自由遊び
13：10	お別れのあいさつ、園を出る

ふれあい体験の導入では幼児とのかかわり方に戸惑う生徒もいるため、ある程度の活動場面を設定しておくと体験がスムーズに進みやすい。一緒に昼食を食べる時間を設けると、幼児とじっくり会話ができる。中学生と幼児がペアを組んで活動を行う方法では、短時間でも信頼関係が築きやすく、かかわりやすい。

7．ふれあい体験を振り返ろう

ふれあい体験を振り返り、まずは各自でワークシートにまとめる。体験した流れに沿って、いくつかの場面に分けておくと全体を振り返ることができ、生徒自身のかかわりや気持ちの変化を追うことができる。

■ふれあい体験の振り返りワークシート

活動場面ごとに、自分が体験したことを振り返ってみよう。

それぞれの場面で起こった出来事と、そのときの自分の気持ちも書きましょう。

①中学校を出発してから幼稚園到着まで

幼稚園までの道は、楽しみな気持ちと不安が入り混じっていた。幼稚園が見えて子どもたちの元気な声が聞こえてくると、だんだん楽しみな気持ちが大きくなってきた。幼稚園のくつ箱を見たとき、子どものくつがとても小さくて驚いた。自分もこんなに小さかったのかと不思議な気持ちになった。

(中略)

⑤お弁当

手を洗う水道に丸いスポンジがついていて、水が飛び散らないようになっていた。ＫくんとＡちゃんはお互いのお弁当箱の中身を当てっこしていた。Ａちゃんはトマトがいちばん好きと言っていて、私はトマトが苦手なのですごいと思った。Ａちゃんのお弁当は少なくて「ほんとにこれで足りるの!?」とビックリした。でも、小さいなりに野菜とかお肉とかがバランスよく入っていておうちの人の愛情がつまっている感じだった。小さいお弁当だったけど、Ａちゃんは食べるのにとっても時間がかかっていて、最後のほうまでずっと食べていた。Ａちゃんがお弁当箱を「みてー！　全部食べた」と見せてきたので、「すごいね。全部食べられたね」とほめてあげると嬉しそうだった。

(中略)

⑦お別れ・園を出る

あっという間にお別れの時間になってしまった。もう少し一緒にいたかった。最後に歌のプレゼントをくれて、Ａちゃんが抱きついてきてすごくさみしかった。幼児たちはくつ箱までついてきてくれて、ずーっと「ばいばーい」と手をふってくれた。今日の体験は普段はできないことがたくさんできて、とても勉強になったし楽しかった。幼稚園の先生は毎日元気いっぱいの子どもと一緒にいて大変なこともあると思うけど絶対楽しいだろうなと思った。またどこかで会えたらいいな。

■体験を共有しよう

ふれあい体験の中で「喜びを感じたこと」「戸惑いや対応に困ったこと」「悲しみや怒りを感じたこと」「驚いたこと」に分けてワークシートに線を引き、クラスで共有することで他者の経験を知り、幼児とのかかわりについての理解を深めていく。体験の中で不快な経験をした生徒については、生徒が今後幼児とのかかわりに前向きになれるようなフォローをする。

■テーマについてまとめよう

ふれあい体験前に各自設定したテーマについて、体験から学んだことをワークシートにまとめる。このテーマをもとに、次の時間のガイドブック作成のためのグループを決める。

8．『ふれあい体験ガイドブック』をつくろう

生徒がふれあい体験で得た経験を次の後輩たちに伝えるための『ふれあい体験ガイドブック』を作成する。ふれあい体験前に設定したテーマを中心に、近いテーマごとにグループをつくってまとめていく。各グループでそれぞれの生徒が経験したことを振り返り整理したり、一緒に解決策を考えたり、子育てに関する施設の方へのインタビューや本などで調べながらガイドブックを作成する。最終的に１冊の冊子にまとめることで、異なるテーマを持って体験を行った人の内容についても知ることができる。

『ふれあい体験ガイドブック』目次例

1. 幼児ってどんなだろう？
　（1）幼児の特徴
　（2）幼児の１日の生活
　（3）幼児の遊び・仲間関係
　（4）幼児の食
　（5）幼児とかかわるときのポイント

2. 体験先の施設について
　（1）○○保育園
　（2）△△幼稚園
　（3）□□こども園

3. 後輩へのアドバイス
　（1）ふれあい体験で嬉しかったこと・良かったこと
　（2）ふれあい体験で困ったこと・大変だったこと
　（3）食育活動をする際のポイント

地域の高齢者との交流を通して（高等学校「家庭総合」）

1．単元計画（配当時数）

第１次　高齢者のイメージは？（1時間）
第２次　交流相手を探そう（1時間）
第３次　「上手な話の聴き方」を探ってみよう（2時間）
第４次　高齢者の話を聴いてみよう（2時間）
第５次　地域福祉について考えてみよう（1時間）
第６次　できることからやってみよう（1時間）

2．準備するもの

記録用紙、質問集、振り返りシート、高齢者疑似体験グッズ

3．授業展開

（1）高齢者のイメージは？

高齢者と身近に接する機会が少なくなった現代の高校生は、高齢期や高齢者を遠い存在として捉えがちである。そこで、まず高齢者との関わりについて意見交換をする。

●高齢者のイメージを挙げてみよう
●高齢者との交流の機会があったら参加してみたいと思いますか？

同様に近隣の小中学生にも同じ質問をしてみたところ、それぞれの答えに傾向があることがわかった。高齢者のイメージは、小学生はより肯定的で、高校生は肯定的ではあるが否定的な意見も多い。高齢者との交流活動への参加意欲は、小学生が最も高く、高校生が最も低くなる（図１）。

その結果から、高校生の持つ高齢者への固定化した考えを排除し、理解する気持ちを育てるためには直接高齢者と交流する機会を与えることが重要であると考えた。

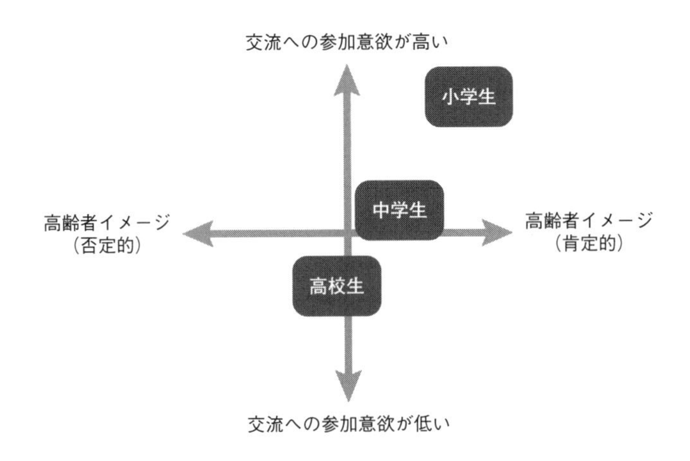

図１　小中高校生の高齢者との交流への意識の特徴

（2）交流相手を探そう

交流活動において、生徒の学びに最も影響する要素は交流相手である。さらに、交流相手と接し、お互いに分かり合えるには時間が必要である。そこで、地域に住む高齢者との交流を計画する。祖父母との接触が減り、高齢者への関心が薄い高校生にとっては、頻繁に顔を合わせる機会のある地域の高齢者は適した交流相手である。学校近隣の地域で活動をしている高齢者を学校へ招き、異世代間交流をするための交流相手を探した。

市区町村の社会福祉協議会に問い合わせる

若い世代と高齢者が共同したイベントは社会福祉協議会の主催で実施されることが多い。

地域の自治会や老人会に声をかける

高齢者と他世代との交流を積極的に行う活動を行っていることがある。

コーディネーターに相談する

ボランティアセンター等に交流活動のリーダーがいる場合がある。

これからますます高齢化が進むと予想され、高齢者層の活躍が地

確認事項をまとめておこう

・日程	・所要時間
・参加対象者と人数	・場所
・交流会の内容	・交通手段
・準備する物	・担当者連絡先

域の活性化にも繋がると考えられる。このように学校と地域が連携をすることで高齢者の社会貢献活動を支援することにもなる。

（3）「上手な話の聴き方」を探ってみよう

この授業は異世代間のコミュニケーションを目的とし、家庭科教育における言語活動を中心に行う。インタビュー形式で行うための傾聴の姿勢を身に付け、コミュニケーションを楽しむ活動を行う際に考慮すべきことは何か考えた。

- 高齢者疑似体験を行い、高齢者の行動で配慮すべき点に気がつく
- ソーシャルスキル教育を行い、相手が話しやすい環境づくりに取り組む
- 調理実習を行い、場が和むようお菓子等を用意する
- 高齢者の生活についての次のような質問例を整理しておく

●昔と変わったと思うことは何ですか。
●今までで一番嬉しかったことは何ですか。
●戦争を体験しましたか。
●携帯電話は便利だと思いますか。
●子どもの頃はどのような遊びをしていましたか。
●年を取ったと感じるときはどんなときですか。
●今、16歳になったら何をしたいですか。

高齢者との交流活動を家庭科教育に取り入れていく際は生徒の意識の変化が表れ、生徒自身がそれを実感できるような学習の流れを考えていくことにより、交流への参加意欲向上へも影響してくると考えた。

交流会の様子

（4）高齢者の話を聴いてみよう

50分２時間続きの授業において、高齢者との交流活動「異世代間コミュニケーション」を行う。

地域の老人会の会員および自治会から有志数十名の高齢者に数日に分かれて来校してもらい、高齢者と生徒とのグループディスカッションをする。生徒40名を１班７～８名に分け、各班に

高齢者が１～２名参加をする。事前に各班で話し合い、司会・記録を設定した。

控室で待つ高齢者を迎えに行き、教室のそれぞれの席へ誘導する。主題は「高齢者の生活について」であるが、状況に応じて事前に用意をした質問をする。

ディスカッションの時間は50分である。グループごとに適時休憩を入れてもよい。事前の調理実習にてつくっておいたクッキーやパウンドケーキのサービスをして和やかな雰囲気づくりをし、会を盛り上げた。

（5）地域福祉について考えてみよう

ディスカッション終了後グループ発表をし、各班で話された内容について情報交換をする。交流会で話された内容をみると、生徒が用意した質問の他に高齢者の話から出てきた話題が豊富に含まれている。

- ○○さんは自治会のお仕事をしています。今年で４年目となり、仕事にとても誇りを持っています。
- 趣味をたくさん持てば老後の生活も楽しく豊かに暮らせるし、そういう楽しみが身体的にも精神的にもいいから寝たきりにもならないかもと思った。
- いつまでも好奇心をもつこと。いろんなことに興味を持って接すれば人生明るくなるし、健康的だと思う。
- 自分の考えをちゃんと持って生活していくことが大切だと思います。高齢者だけでなく、他人の気持ちを理解することも今の自分にとって必要なことだと思います。
- お年寄りの言動で理解できないこともある。私は今日からお年寄りを理解する努力をしてみようと思います。
- 改めてわかったことは年をとっても人の意見（若者の）にも耳を傾けてくれる人もいるんだ(私たちの意見にも賛成してくれたりしました)。交流会参加後の高齢者の意識は、日常では高校生との交流はないが、高校生に肯定的なイメージを強く持っていることがわかった。日常生活で接触のない高校生と交流の機会をつくり、活動を共にするということは相互に意義のあることと感じている。

また、学校での取り組みにも期待しており、高校生と高齢者との交流活動はお互いに理解を深め、意識を高め合う機会として有意義なものであると感じている。

（6）できることからやってみよう（授業の学びと評価事例）

授業を通して得た基本的な知識・技術を、自発的に生活の中で実行できる力の変化を知るための指標として振り返りシートを利用する。

知識・技術よりも意識・情動の変化が行動や生き方に反映される「福祉」分野について、このようなシートを用意し、学習後にアフターチェックを行うことで、個々の学習成果や変化を通して実践力が測れることが期待される。

「振り返りシート」は興味・関心、知識・技能、実際の行動の三分野について、自己の変化を生徒自身が記述するというものである。授業前・授業後とその変化を追うことで、個々の学習状況や変化を把握できるとともに、授業の分析・改善への活用を図ることができる。

また、生徒の意識の変化が自分でもわかるように学習前に高齢社会に対する自分の意識を確認し、再び学習後に自分の意識を言語化することで学習内容の定着を図る。特に交流活動では、授業の振り返りをクラス全体で行うよう発表の場を設け、学習の効果を上げげた。

来校された高齢者は好意的に対応され、意欲的に生徒たちとの会話に参加してくださった。生徒は、はじめは高齢者との語らいに控え目だったが、次第に打ち解けて会話も弾んだ。そして、高齢者が帰る際には送って出るなど積極的な態度もみられた。短い時間だったが、心を通わせる時間が持てたと思われる。今後も登下校時や街中で出会ったときなどには挨拶が交わされることだろう。

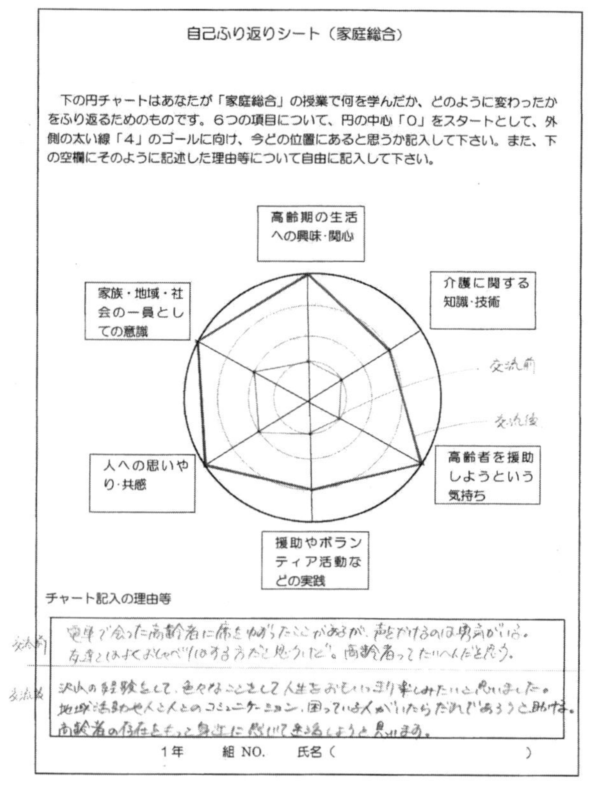
自己ふり返りシート（家庭総合）

下の円チャートはあなたが「家庭総合」の授業で何を学んだか、どのように変わったかをふり返るためのものです。6つの項目について、円の中心「0」をスタートとして、外側の太い線「4」のゴールに向け、今どの位置にあると思うか記入して下さい。また、下の空欄にそのように記述した理由等について自由に記入して下さい。

チャート記入の理由等

交流前　電車で会った高齢者に席をゆずったことがあるが、声をかけるのは勇気がいる。友達とはよくおしゃべりはする方だと思うけど。高齢者ってたいへんだと思う。

交流後　沢山の経験をして、色々なことをして人生をおもいっきり楽しみたいと思いました。地域活動や人と人とのコミュニケーション、困っている人がいたらだれであろうと助ける。高齢者の存在をもっと身近に感じて生活しようと思います。

1年　　組 NO.　　氏名（　　　　　　　　　　）

図2　振り返りシート

第4部

子どもたちの実態を踏まえた授業づくり

第10章

ユニバーサルデザインの授業づくり

はじめに

ユニバーサルデザイン（UD）という言葉を目にしたり、耳にしたりしたことがあるだろうか。普段の身近な生活の中にあるので思い浮かべてみよう。例えば、駅のいくつかの自動改札口のうち１つの幅が広くとられていることがある。これは車いすの方が通りやすいだけでなく、ベビーカーやスーツケースを持って移動する人にとっても快適である。シャンプーとリンスの容器に異なる印がついているのは知っているだろうか。もともとは視覚障害のある方のために考案されたものだが、誰でも髪を洗うときは目を閉じるので、このような工夫はすべての人にとってわかりやすく、便利である。このように、年齢や性別、国籍や障害の有無などにかかわらず、すべての人が等しく快適に利用できるように製品や建造物、生活空間などをデザインすることがユニバーサルデザインと定義されている。

このユニバーサルデザインについては、家庭科の授業の中でも取り扱われている。高等学校の学習指導要領において、家庭基礎と生活デザインでは「共生社会と福祉」の項が「(1)人の一生と家族・家庭及び福祉」の中に、また家庭総合では「共生社会における家庭や福祉」の項が「(2)子どもや高齢者とのかかわりと福祉」の中に定められている。

さて、学びにおいてもユニバーサルデザインの考え方が浸透してきた。どのような子どもたちに対しても、「わかる」「できる」「楽しく学べる」授業をつくるために知っておくべき観点がある。本章では、授業のユニバーサルデザインについて、実践事例を通して解説する。

第1節 授業のユニバーサルデザイン

1. ユニバーサルデザインの授業

2014年、文部科学省は通常学級に6.5%の支援対象児童・生徒が在籍しているという調査報告を行った（図1）。この調査報告は、通常学級担任に対して行ったもので、日常の指導の中で感じている発達障害の可能性のある特別な教育的支援を必要とする児童・生徒の数である。学習面や行動

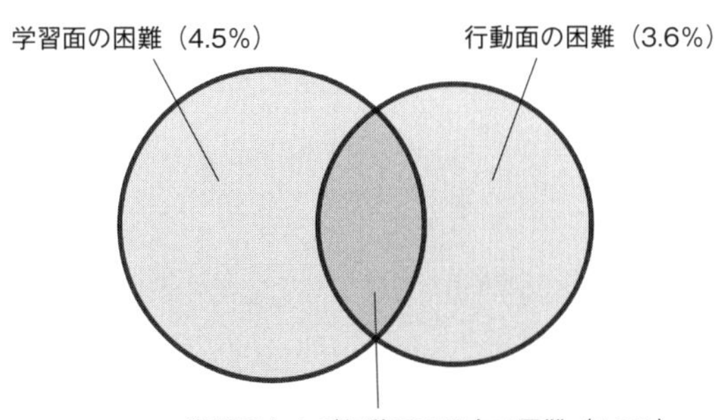

図1　通常の学級に在籍する発達障害の可能性のある特別な教育的支援を必要とする児童・生徒に関する調査結果について

出所：文部科学省（2012年12月報告）をもとに作成

面（不注意や多動性、衝動性、対人関係やこだわり等）における何らかの困難を抱えている子どもが学級に２～３人いるということである。

現在、支援を必要とする子どもたちは、特別支援学級や特別支援学校で学ぶという考え方ではなく、インクルーシブ教育が進み、学級に支援を必要とする子どもがいるのは、当然のこととなっている。

ユニバーサルデザインの授業とは、従来の教育に、特別支援教育の視点を加えて、どのような子どもに対してもわかりやすく工夫、配慮をすることである。学級の子どもたちの全員が「わかる」「できる」「楽しく学ぶ」ことができるようにすることは、支援を必要とする子どもだけでなく、その他の子どもたちに対しては「あると便利な支援」になるのである。

2. 特別支援教育とユニバーサルデザイン

先に述べた特別支援教育の視点として、花熊［2011］は以下の４点を挙げている。

①教師が常に学級の子ども１人ひとりを肯定的に見て、肯定的に接すること。

「机にふせてはいけません」といったネガティブな声かけではなく「椅子にお尻をつけて、背中をピンと伸ばしているとかっこいいな」といったポジティブな声かけをし、不適切な行動の中でもよい行動を見つけてほめることを繰り返そう。

②子ども１人ひとりの分かり方の段階や得意なこと、苦手なことの把握に立って、子どもに失敗させず、成功経験を積ませること。

必要に応じてアセスメントを行い、発達の特徴を知ることで子どもの得意な部分を中心とした活動を組み立てることができる。

③子どもたち１人ひとりが学習の見通しをもてるようにし、授業で子どもが主体的に動けるようにすること。

授業開始時に目標や活動手順（スケジュール）を文字や具体物を用いて視覚的に呈示することが望ましい。

④できた／できないの結果で判断するのではなく、でき方や間違い方という子ども１人ひとりの学習プロセスを見とること。

わからなくてできたのか。わかっていてできないのか、どこにつまずいているのか探ることが、次の授業づくりのヒントとなる。

3. ユニバーサルデザインの考え方

授業づくりに必要なのは、先に述べた特別支援教育の高い専門性ではなく、高いアンテナを張って子どもを見つめ、対応に工夫を施すことである。

花熊［2011］は以下の４点をユニバーサルデザインの授業づくりのポイントとしている。

①子どもたちが学びやすいように教室環境や学習環境を整備する。
②学習や行動のルールを明示し、子どもたちが落ち着いて学習でき、安心して過ごせる学級をつくる。
③視覚的手がかりの使用や教師の指示・説明を分かりやすくすることを通じて、子どもたち学習の見通しを立てやすい授業を行う。
④子ども１人ひとりの特性や学習速度に対応するために複数の学習方法や教材、支援グッズを用意する。

第2節　家庭科の授業づくり

小学校５年を対象に行った消費者教育の授業を例に、ユニバーサルデザインの授業づくりのポイントの具体を紹介する。

本授業は３時間計画で、第１次は「海外旅行にいってみたい？」第２次は「金融機関の職員さんに聞いてみよう！」第３次は「やりくり上手になるには？」で構成される。

毎回の授業でICTを活用し、プレゼンテーションソフトを用いて作成し

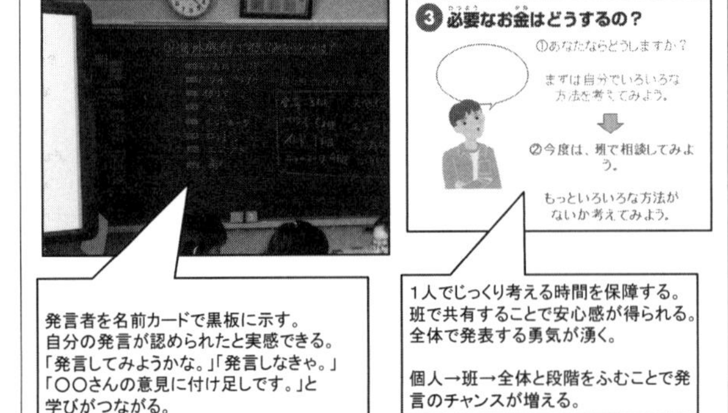

図２　第１次の授業

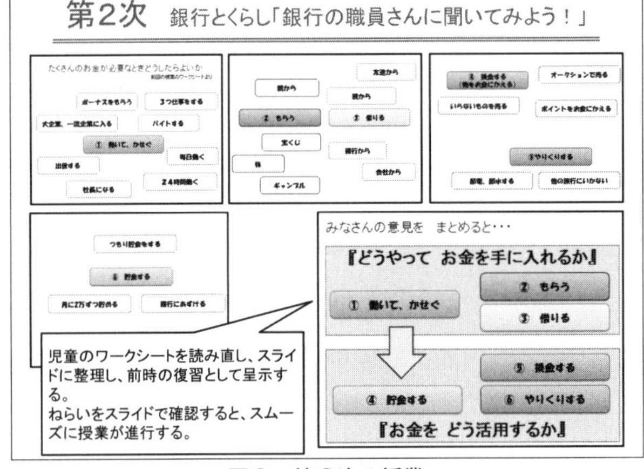

図３　第２次の授業

たスライドを提示し授業を進行していった（図２右）。

初めに、１時間の授業の流れ（スケジュール）を示し、学習の見通しをもてるようにした。導入として、外国について学ぶ社会科と関連させて、海外旅行をすることを仮定し、興味関心を引きつける画像を電子黒板に大きく映し出してから、どれだけお金が必要か予想する単純な質問から始めた。「よくおぼえていたね、さすが！」などのポジティブな声かけをして、学習への積極性を引き出した。身近にある旅行会社のツアーパンフレットから必要な情報だけをピックアップしてまとめた教材を資料として配布した。主発問『たくさんのお金が必要になったとき、どうしたらいいか考えよう』では、名前カードを用いて発言者を明らかにしながら板書し、意見を視覚化し、児童の考えを整理した（図２左）。

第２次では、前時の復習として、児童の意見をまとめたスライド（図３）を見ることから授業を始めた。定められた枠の中に、キーワードを記録できるようなワークシートを用意した。銀行の業務のDVDは８分と短めに編集したものを用い、海外のお金のサンプルに触れる体験的な学習を取り入れたゲストティーチャーによる講義を行った。授業の終わりには、次回の予告と家族に買い物に関するインタビューをする宿題を出した。

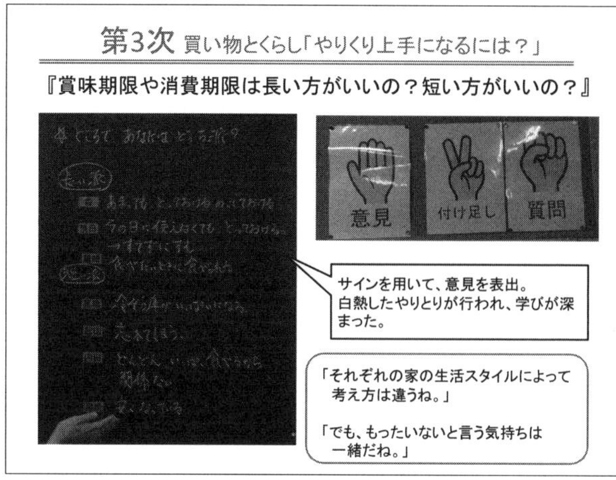

第３次 買い物とくらし「やりくり上手になるには？」

『賞味期限や消費期限は長い方がいいの？短い方がいいの？』

意見　付け足し　質問

サインを用いて、意見を表出。
白熱したやりとりが行われ、学びが深まった。

「それぞれの家の生活スタイルによって考え方は違うね。」

「でも、もったいないと言う気持ちは一緒だね。」

図４　第３次の授業

第３次では、前時の復習を問いの難易度を多様にしたクイズ形式にすることで全員参加を促した。また、児童の書いたワークシートの文字をスライドで呈示して、間違いを全員で共有し、修正した。宿題を班で１枚のポスターにまとめる作業を行い、ポスターを掲示し自由に見に行く時間をとった。集中が持続しにくい児童にとって、立ち歩きOKという時間を設けることによって、気分転換ができ、落ち着くことができる。発表場面では、自分の言うことを明確にし、聞いている人も理解しやすいようにサインを用いた（図４）。環境に配慮した買い方について、あらかじめ机の中に隠しておいた袋の中から具体物を取り出す演出をした。児童は期待感をもって注目し、普段の生活と結びつけ、本単元で学んだことをこれからの生活にいかしていけるようにした。

第３節　通常学級におけるユニバーサルデザイン

１．特別支援教育の視点から

石隈［2013］は、通常学級におけるユニバーサルデザインの考え方として、

①子どもたちが学びやすいように教室環境や学習環境を整備する

黒板の周りはシンプルにし、整理整頓する

教師用事務机を教室の後ろに配置する

図５　ユニバーサルデザイン授業のポイント①

②学習や行動のルールを明示し、子どもたちが落ち着いて学習でき、安心して過ごせる学級を作る

行動のルールを掲示する

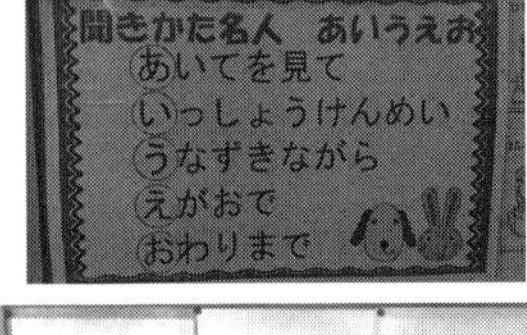

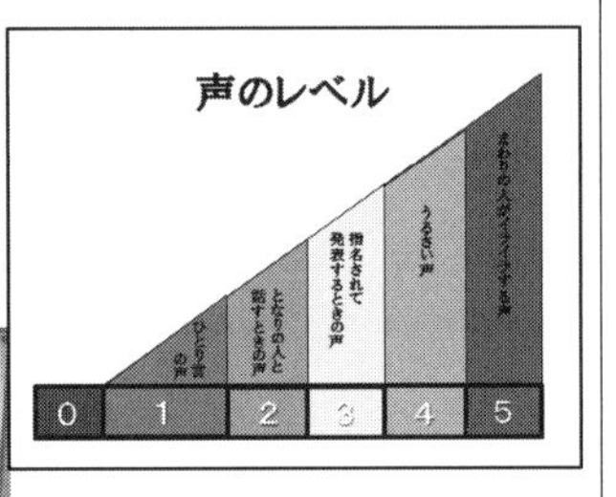

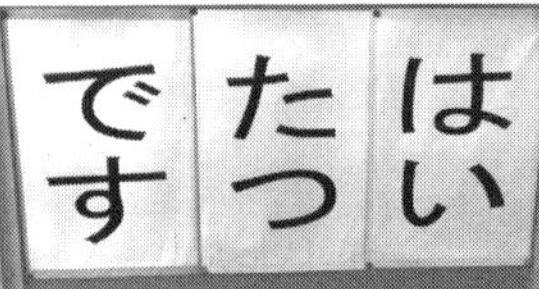

図６　ユニバーサルデザイン授業のポイント②

教科教育・特別支援教育・学級経営の知見の重なりが求められると述べている。

これに沿って、家庭科で行った実践を確認する。

「①教室環境や学習環境の整備」では、学習に関係のない掲示物を後方に移して黒板の周りの掲示物を必要最低限にし、不要な刺激を排除した。また教師用事務机を教室後方に置くなど、授業中視界に入る教室前方の整理整頓を心がけた（図５）。

「②学習や行動のルール」の明示は、それらを常に掲示し（図６）、日常的にそれらを活用し、折に触れて評価や指導を行った。また机間巡視を支援の必要な児童に対して意図的に行い、個別に声をかけ、発問は細分化して、発言の機会を増やすと共にさまざまな難易度のものを用意し、「できた」「わかった」という成功体験を多く積めるようにした。

「③学習の見通しを持たせる」は、まず授業初めに学習課題を時系列で示し、授業中も進捗状況を確認しながら進めた。それらの呈示には電子黒板を活用した（図７）。話を聞きそびれていても、途中から参加しても、今何に取り組んでいるのかがわかるように配慮した。

ワークシートは、スライドとフォントや画像をそろえるなど関係付けて提示し、また、表面に前時の振り返り、裏面に今日の学習内容、と書く場所をわかりやすくした。

授業の終わりには、必ず次の時間の予告をし、授業展開をパターン化させた。

「④子どもの特性に対応した教材」については、できる限り具体物を示し、見たり、触れたりするようにした。教材作成時は、カラーユニバーサルデザインの考え方を参考にした配色を心がけた。ワークシート（図8）は、文字を書くことや自分の意見をまとめて書くことが苦手な児童が取り組みやすいように、授業感想欄に「今の気持ちは？」と表情イラストから選択をして◯をつけさせる選択式の項目も用意した。成果物は、文字の乱れや誤字脱字、落書き、破られていないか、という状況から、基本的な授業態度や生活態度の変化を読み取ることができる貴重な情報源となる。

③視覚的手がかりの使用や教師の指示・説明を分かりやすくすることを通じて、子どもたち学習の見通しを立てやすい授業を行う

電子黒板の活用（タイマーの表示）

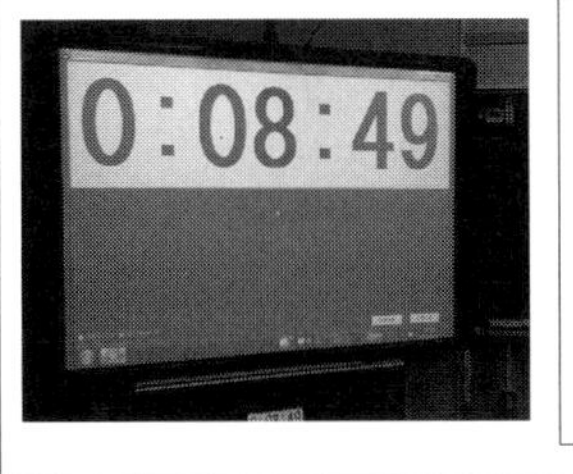

学習課題を時系列で提示したスライド

5年 家庭科

考えよう お金と買い物とくらし 3時間目

(1) 前回のふり返りコーナー

(2) 今日のメイン「買い物の工夫を教え合おう」

(3) 物や資源、お金を大切にしよう

(4) まとめ

図7　ユニバーサルデザイン授業のポイント③

④ 子ども一人ひとりの特性や学習速度に対応するために複数の学習方法や教材、支援グッズを用意する

書きやすく、教師がチェックしやすいワークシート

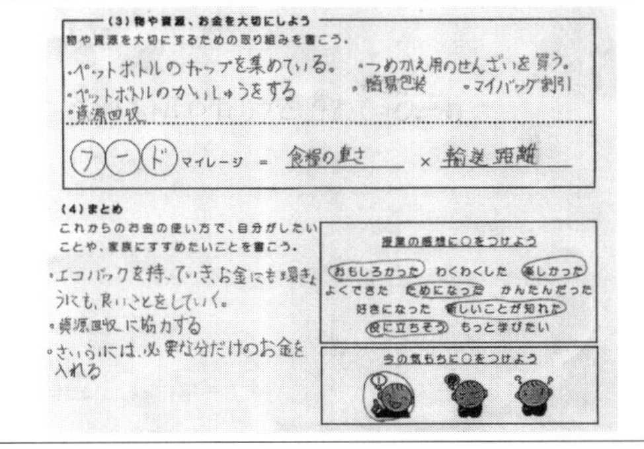

図8　ユニバーサルデザイン授業のポイント④

2. 学級経営の視点から

いくらよい発問や教材を準備していても、児童が授業に向かおうとする態度をもっていなければ授業は成立しない。事例の学級には、発達にアンバランスがある児童が複数名在籍していたこともあり、時間を守る、話を聞く、人の嫌がることをしない、並んで静かに教室移動をする等の学校生活における「当たり前」のことが自主的にできていなかった。毎日のルーティンである係や当番のシステムづくりなど日々の学級経営で学級をよい状態にしておくことも大切である。

また、定期的な巡回相談を活用することもユニバーサルデザインの授業づくりに有効であろう。1人で授業をしていると自分の話し方や板書のクセ、子どもたちへの対応に気づきにくいが、他者から客観的に見てもらうことによって改善できることもある。また、必要に応じてアセスメント直接的な支援を受けることによって、子どもの学習への動機づけができたり、関わり方のヒントがもらえたりもする。

巡回相談で情報交換をすることで、多くの側面から子どもの実態を捉えることが可能となる。その結果、子どもをほめる言葉や、肯定的で具体的な声かけが増え、学級の雰囲気がよくなってくる。

3. 家庭科の視点から

家庭科は特別教室で行われることが多いため、参加しやすい環境をどう整えるかを最優先に考える必要がある。導線を考えた教材配置を行うなど、構造化の視点がもてるとよい。

家庭科には、座学中心ではない実学ならではの魅力がある。学習面に遅れがある子どもも、作業を伴う活動には参加しやすい。繰り返し、経験を通して学習することで知識や技術を身につけることができるため、家庭科の授業の中では、子どもたちが他の教科で見せる面と異なる一面を見せることができる。大いに評価し、自信をもてるようにしてあげたい。

ただ、手先が不器用であったり、目と手の協応が悪かったりして被服実習に苦手意識のある子どもや、感覚の過敏があって換気扇の音が苦手であったり、強度の偏食があったりして調理実習に入れない子どももいることをおさえておこう。

おわりに

通常学級担任の先生は、特別支援教育では「何か特別なことをしなければならない」と思っているようである。授業づくりに際し、特別支援教育コーディネーターと意見交換、情報交換をする中で、実際は、毎日当たり前でさりげなくやっていたことが、合理的配慮であったことや、児童との関わり方で的確であった点等の支援方法、内容について再確認し、『特別でないこと』に気づける。授業に参加できなくて困るのは、教師ではなく、子ども自身である。実態を的確につかみ、子どもの特性を踏まえた授業・教材研究をすることができるよう、教師は、子どもを見つめる目を養い、柔軟で発想豊かな頭であるよういたいと思っている。

引用・参考文献

花熊曉「学校全体で取り組む授業ユニバーサルデザイン」『特別支援教育研究』652、2011年、pp. 7～13

東京学芸大学附属特別支援学校「金融教育実践報告 ユニバーサルデザインの家庭科――小学校通常学級の学級担任と特別支援学校の特別支援教育コーディネーターが一緒に『家庭科の授業』をつくる取り組み」『研究紀要』Vol. 58、2014年

金融教育共同研究プロジェクト報告書「子どもの意識をふまえた金融教育の展開」2013年

くらしのテキスト特別支援教育編「くらしとお金――お金はゆたかなくらしのパートナー」東京学芸大学・みずほフィナンシャルグループ金融教育共同研究プロジェクト、2008年
東京学芸大学・みずほフィナンシャルグループ金融教育共同研究プロジェクト編「考えてみようこれからのくらしとお金」2011年
東京学芸大学・みずほフィナンシャルグループ金融教育共同研究プロジェクト編「用語集 わたしたちのくらしとお金（小・中学生用）」2007年
特別支援教育の在り方に関する調査研究協力者会議（平成15年３月）今後の特別支援教育の在り方（最終報告）
松村勘由研究代表「特別支援教育コーディネーター実践ガイド――LD・ADHD・高機能自閉症等を含む障害のある子どもへの支援のために 特別支援教育コーディネーターに関する実際的研究」（国立特別支援教育総合研究所平成15年度～平成17年度プロジェクト研究報告書）
▶https://www.nise.go.jp/kenshuka/josa/kankobutsu/pub_c/c-59.html
石隈利紀「通常学級におけるユニバーサルデザインの教育と課題と展望」日本特殊教育学会第51回大会、2013年
「東京都特別支援教育推進計画第三次実施計画――すべての学校における特別支援教育の推進を目指して（概要）」東京都教育委員会、2010年
▶http://www.metro.tokyo.jp/INET/KEIKAKU/2010/11/DATA/70kbb100.pdf
（URLはいずれも2015年８月１日最終アクセス）

第11章

貧困を乗り越える授業づくり

はじめに

本章では、社会的な問題となっている子ども貧困について取り上げ、その実態をもとに貧困を乗り越える授業づくりの視点とねらいを提示する。その上で、貧困を乗り越える授業実践について紹介する。

第1節　今、なぜ貧困が問題なのか

「貧困」と聞いてあなたは何を思い浮かべるだろうか。飢餓で苦しむ人、路上で暮らす人などさまざまだろう。では、日本の子どもたちは貧困と関係あるのだろうか。現在、日本の子どもの６人に１人は貧困状態にあり、学校のクラスでは平均的に５～６人程度いることになる。つまり、日本の子どもと貧困は無関係ではないのである。可処分所得（収入から税金や社会保険料を引いたもの）がちょうど真ん中の順位の世帯を中央値とし、そ

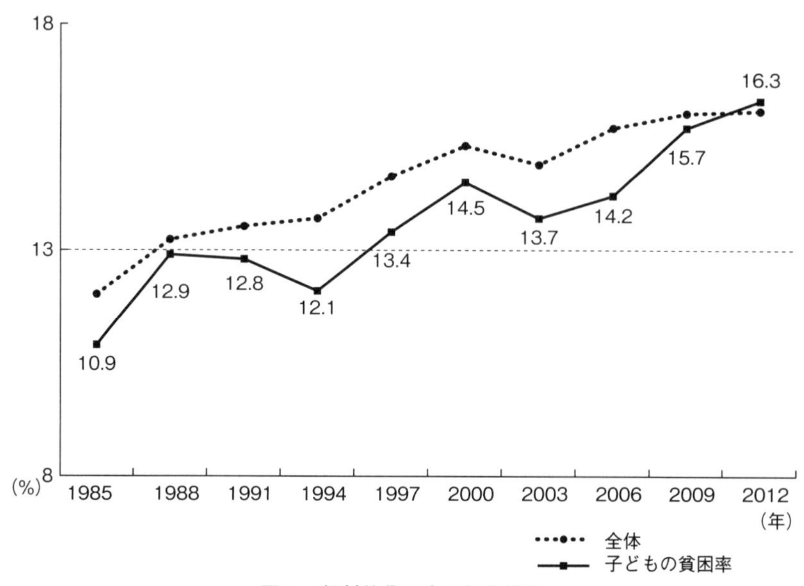

図１　相対的貧困率の年次推移

出所：厚生労働省「平成25年国民生活基礎調査」をもとに作成

の中央値の半分より所得が少ない世帯の割合を「相対的貧困率」というが、2012年における子ども（17歳以下）の相対的貧困率は16.3％で、徐々に上昇している（**図１**）。しかし、自分のまわりにはそのような子どもは１人もいないからと、この数値に違和感を覚える人も少なくないだろう。

相対的貧困とは、その社会において当たり前とされている生活をすることが困難な状態を指す。ここでいう当たり前とは、子どもであれば健全な成長のための十分な食事をとり、清潔な服を着て、病気になれば病院に行き、授業に必要なリコーダー・習字セット・絵具などを揃えられること、友だちづきあいができることなどである。しかし、教育の現場からは貧困の状況にある子どもたちの様子が報告されている［全日本教職員組合養護教員部 2009］。

・夏休み中にやせる児童・生徒がここ３年くらい増加している。休み中は十分な栄養が摂れないためではないかと思われる（給食が１日の栄養源という子がいる）。

・家に体温計がない、簡単な傷の手当てができない（救急絆創膏、湿布がない）ため、朝から保健室に来室する生徒が多くなっている。
・持っているもの、着ている制服、履いているズックなど汚れと破けでボロボロの生徒が多い。お金がかかるので運動部には入れない。
・通学のバス代が払えなくて、学校に来られない。

また、2010年に首都圏（東京、神奈川）と山形県、兵庫の公立・私立の５つの高校（１～３年生、622名）で実施した生活と労働に関する調査においても、大きく以下の４点が明らかとなっている［藤田 2012, Fujita (et al.) 2012］。

①学費や家計費を補うためにアルバイトを余儀なくされている生徒を生み出し、進学を断念させ将来の展望も奪っている。
②展望の喪失と同時に進学や就職、結婚や経済生活、介護に至るまで不安を助長している。
③貧困は家庭不和をもたらし精神面や家族関係にも負の影響を及ぼしている。
④困窮している生徒は、重層的に生活課題を抱えている。

このように、親の貧困が適切な衣食住、健康、適切なケア、教育（低学力・低学歴）、他者との関係性（孤立・排除）に影響を及ぼし、生まれたときからさまざまな機会を奪い、人生の選択肢や可能性を制約している。それが次世代にも引き継がれる「貧困の世代間連鎖」が社会的な問題となっている。

第2節　貧困問題を捉える視点

1．貧困は誰のせいか

貧困に陥るのは誰のせいだろうか。この問いに対する答えは、よく「椅子取りゲーム」［湯浅 2009, 宇都宮・湯浅編 2008］にたとえられる。例えば、８つの椅子に対し10人がゲームに参戦した場合、２人が座れない。座れなかった理由として本人に注目し、「どうしてその人が座れなかったか」と原因を探ることになると、解決策は本人が頑張ることしかない。これを「自己責任論」という。しかし、どんなに頑張ったとしても２人は常に座ることができない。つまり、椅子に座れないのは「本人の努力が足りなかった」からではなく「椅子の数が足りなかった」からである。この場合、解決策は椅子を増やすことであり、これを「構造的」な見方という。貧困に陥る原因を「個人の努力の問題」と捉えるのではなく、「構造的な問題」として捉え直すことが重要である。

表１　社会的多重排除

五重の排除

①教育課程（学校教育システム）からの排除
②企業福祉（正規雇用システム）からの排除
③家族福祉（家族による支え合い）からの排除
④公的福祉（社会保障）からの排除
⑤自分自身からの排除

［湯浅2007］

（社会的）「多重排除」

①仕事からの排除（失業、不安定雇用）
②健康からの排除（高齢化、障がい、事故、病気）
③家族からの排除（DV、離婚、虐待）
④住居からの排除（家賃滞納、ローン破綻、会社の寮を出た）
⑤金銭からの排除（貯金切れ、借金）

［生田2008］

2. 貧困の原因

では、なぜ貧困に陥るのだろうか。その背景として、単に仕事や福祉の欠如だけなく、教育、健康、家族、人間関係、住まいなどが重層的に欠如していて、社会的多重排除の状態であることが指摘されている（**表１**）。

第３節　貧困を乗り越える授業づくり

1. 貧困を乗り越える授業の視点とねらい

貧困を乗り越える授業をつくるにあたって、自己責任論のもと授業を展開してしまうと、子どもたちは将来の不安を強めるだけで終わり、その結果将来の展望をもつことができなくなる危険性がある。そこで、以下の視点とねらいが必要になる。

【視点】

①自分の身の回りで起こっている諸課題を自己責任の問題ではなく、構造的な問題として捉える視点をもてるようにする。

②予測できない不安定要素が多い社会において、その中で自分の暮らしを守る手がかりを探ることができるようにする。

③社会的排除を生み出す生きづらい社会のしくみを自分の働きかけで変えていこうとする協働の視点をもてるようにする。

④生徒たちがおかれている生きづらい社会の現状に失望させるのではなく、将来の展望や問題解決につながるようにする。

【ねらい】

①金銭面や社会保険、雇用形態の面から、自分の生活や将来の生活をリアルに考え、自分の生活をイメージすることができる。

②格差は自己責任ではなく、雇用形態や社会保障制度の違いによって生じることがわかる。

③自分の生活を守るためには、「自助（自分の力で生活すること）」だけでなく「共助（家族や友だち、地域の人、ボランティアなどの力を借りて生活すること）」や「公助（福祉・生活保護などの社会保障制度を活用して生活すること）」が必要であることがわかる。

④生存権、労働者の権利、学ぶ権利など自分がもつ権利を理解できる。

⑤これらの権利を守るための社会保障制度の具体的な活用方法、リスク対応・回避の方法がわかる。

⑥社会や政府の現状や問題点を把握し、現状を変えることを求めようとする意識をもつことができる。

2. 貧困を乗り越える授業の工夫

貧困を乗り越える授業の内容は生活経営領域の学習にあたるが、高校教員を対象としたアンケート及びヒアリング調査によって、この生活経営領域の学習は「座学は生徒が興味をもちにくい」「食生活や衣生活のように体

表２　貧困を乗り越え、安心して生きる、働く、学ぶことを目指したカリキュラム（抜粋）

題材名	学習内容	授業概要	授業方法
一人暮らしでどのくらいお金が必要か※	自分の生活をイメージする学習	正社員とフリーターの働き方別に、それぞれの収入の範囲内で１カ月の家計費の支出計画を立てる	シミュレーション形式の疑似体験
社会保険ゲーム	セーフティネットの重要性に関する学習	社会保険へ加入している正社員と未加入のフリーターがさまざまなリスクに遭遇したときに、社会保険の加入の有無が生活費に与える影響と、保障の格差を学ぶ	ゲーム形式の疑似体験
ホームレスからの脱出法	生存権を守るための生活資源の充実・獲得の学習	次項で詳細を述べる	次項で詳細を述べる
自分や仲間の働く権利を守る	労働者の権利とその保障に関する学習	労働者の権利を理解した上で、不当な扱いを受け、自分や働く仲間の権利を守るためにどうしたらいいかを考える	４コマ漫画を活用したケーススタディ
進学費用を自分で賄うとしたら	学ぶ権利と進学費用計画に関する学習	消費者の自己決定場面として、高校生の関心が高い進路選択について費用面から考える	シミュレーション形式の疑似体験

※発展実践事例として、実践事例９「100円朝食を考える」（pp. 179～184）、実践事例10「被服学習をキャリアにつなげる」（pp. 185～190）も参照。

出所：［大竹監修 2012］をもとに作成

験的な学習を組み入れにくい」「実生活と結びつけさせて授業を展開するのが難しい」「問題点は理解できるが、なかなか生徒に明るい展望をもたせられない」といった悩みや課題が明らかになっている［中山・藤田 2013］。

そこで、「ゲーム」「シミュレーション」「ロールプレイ」や、コミック、単行本、自作の４コマ漫画や新聞記事などを活用した「ケーススタディ」などの実践的・体験的な活動を用い、生徒が興味をもちやすく、実感を伴った理解ができるようにカリキュラムを編成している（**表２**）。そして、視聴覚教材や新聞記事を用い、諸外国の先進的な事例、子どもたちが社会のしくみを変えようと自ら動き始めた事例などを取り上げ、生きづらい社会の中で自分の将来に展望をもつことができる内容になるよう工夫している。

3．貧困を乗り越える授業の実際

【実践例】ホームレスからの脱出法

（１）授業のねらい

中学生のときに家族離散を経験し、ホームレス状態まで転落した主人公のお笑い芸人田村裕さんが平常の生活を取り戻すまでを描いた体験談『ホームレス中学生』[田村 2010] を教材化したもので、ホームレスにならないための生活資源とその活用方法、また万一ホームレスになったときの脱出方法、つまり、権利としての生存権と、「自助」「共助」「公助」の重要性を理解することをねらいとしている。

（2）授業の流れ

①『ホームレス中学生』の内容を把握する

1 あらすじを把握

『ホームレス中学生』は、中学２年生の田村少年が、夏休みに入ろうとする日に突然、父親から「解散」を宣言され、１人で公園で生活することになったこと、そこでどのような生活をしていたか、その後どうなっていったかが描かれている。

田村少年の母親が小学校５年生のときに病気で亡くなり、その後は父親が仕事と家事・育児をしていたが、父親も過労で入院したために仕事を解雇されてしまう。そのため、借金が膨らんで家を売らなければならなくなり、住む家がなくなったために、父親から「解散宣言」が出され、田村少年は公園で生活を始めることになったという背景を説明する。

2 公園での生活を把握

公園での生活が具体的に記述された以下の部分を教員が読み聞かせをするか、口頭で説明するか、あるいはプリントにして黙読できるようにする。

・「次の日もやっぱり暑くて目が覚めた。もう昼前だったらしくウンコ（※読み手の注釈：田村君が寝泊まりすることにした巻貝をモチーフにした滑り台のこと）に直接日光が差していて、相当な汗をかいていた。喉がカラカラだったので、ファンタを残しておいて正解だったなと思いながらファンタを勢いよく口にふくんだが、残しておいたことは不正解だった。枕元のファンタは直射日光に晒されていた。太陽の恵みを受けたファンタは温かく、ホットの炭酸はお世辞にも美味しいとは思えなかった。冷蔵庫のない生活は初めてで、今までファンタなんかは冷たいのが当たり前だったからびっくりした」[田村 2010：16-17]。

・毎日お金を探して歩いたこと[同：21]。
・鳩の餌であるパンの耳をもらったこと[同：26-28]
・ウンコの中で寝ていたら子どもに石を投げ込まれたこと[同：29-36]
・ウンコは天井がないので、雨が降り込んできて濡れてしまい、荷物と一緒に避難したこと[同：37]。
・雨がシャワー代わりだったこと[同：37]。
・トイレは草むらでOKだったが、野良犬がいて安心できなかったこと[同：38-39]。
・洗濯を手でして鉄棒に干したら錆が付いたこと、また風で干したTシャツが飛んでいってしまったこと[同：41-43]。
・田村少年のお兄ちゃんとお姉ちゃんは、神社の横の公園からタコ公園に生活の拠点を移していた。お姉ちゃんはお兄ちゃんがバイトで居ない夜は寝るわけにいかず、公園に居るわけにもいかず、朝までずっと１人で町を歩き回っていたことから、精神的にも肉体的にも疲労はピークに達していたこと[同：59-60]。

②ホームレス生活にならないために、またホームレス生活からの脱出法について考える

1 ホームレス生活に陥るまでに利用できたセーフティネットを把握

ワークシートの図を使いながら、田村家が生活困難に陥るきっかけとなったリスク（出来事）と、田村少年や家族がどのような社会保障制度などの生活資源を活用していたらホームレス生活に陥らなくてすんだのかを考える。田村家は、健康を失う、仕事を失う、家族を失う、家を失う、お金を失うといった五重の排除のもとにホームレス生活に陥ったが、例えば、雇用保険、公営住宅、生活福祉資金、生活保護などの活用法を知っていれば、家を失ったり、家族を解散したりしなくてもすんだといえる。

2 どのようにしてホームレス生活から脱出したかを把握

田村少年が公園での生活を乗り切り、友だちの家で生活させてもらった後、きょうだい３人で暮らせるようになり、ホームレス生活を脱出した方法や制度などを確認する。

・自助：公園でさまざまな工夫をしながら生活した。自ら友だちに助けを求めた。

・共助：友だちの家でご飯を食べさせてもらったり、お風呂に入らせてもらったりした。

友だちの親に生活保護の利用の仕方を教えてもらったり、アパートや家財道具を見つけてもらったりして、きょうだい３人で暮らすことができた。

・公助：生活保護を受給することができた。

（3）授業の成果

『ホームレス中学生』という生徒の身近な題材を活用したこと、そして現実に起こっているリスクに対応する社会保障が視覚化できるワークシートであったことから、生徒は自分の現在の生活や将来の生活を重ね合わせた学びをすることができたとともに、難しいセーフティネットを身近に感じ、「共助」や「公助」の重要性・必要性を強く認識することができた。

そして生徒は、自分自身も「田村少年」のようにならないともいえないので、さまざまなセーフティネットの知識が得られたことに安心したようだったと教師が振り返っており、将来の生活に多くの不安を抱える生徒たちにとって、こうしたリスクマネジメントの学習は重要であるといえよう。

おわりに

生徒たちが、貧困を乗り越え、自分の将来に展望をもち、社会的、経済的に自立して生活できるようにするには、社会の変化やリスクに柔軟に対応できる知識や力が必要になる。そのためには、生存権、居住権、労働者の権利や学ぶ権利を理解し、社会保障制度の活用方法やリスクの対応・回避方法や相談先などの知識を得る学習内容を含む一連の本カリキュラムの実践がますます重要となる。

参考文献

阿部彩『弱者の居場所がない社会——貧困・格差と社会的包摂』講談社、2011年

宇都宮健児、湯浅誠編『反貧困の学校』明石書店、2008年

大竹美登利監修、中山節子、藤田昌子編『安心して生きる・働く・学ぶ——高校家庭科からの発信』開隆堂、2012年

子どもの貧困白書編集委員会編『子どもの貧困白書』明石書店、2009年

全日本教職員組合養護教員部『保健室から見える子どもの貧困の実態』2009年

田村裕（魚乃目三太イラスト）『コミック ホームレス中学生』ヨシモトブックス、2008年

田村裕（魚乃目三太イラスト）『続 コミックホームレス中学生』ヨシモトブックス、2008年

田村裕『ホームレス中学生』幻冬舎、2010年

中山節子、藤田昌子『家庭科の学習を通じて学ぶ安心な暮らしの営み——生活、労働、学びの保障と子どもの自立を支える家庭科教育』日本家政学会誌Vol. 64、№11

藤田昌子「高校生の今——生活と労働の実態」[大竹監修 2012]

山野良一『子どもに貧困を押しつける国・日本』光文社、2014年

湯浅誠『貧困襲来』山吹書店、2007年

湯浅誠『どんとこい、貧困！』理論社、2009年

Fujita A., Nakayama S. and Otake M., *A Study of Home Economics Curriculum to Establish a Sustainable Living of Japanese High School Students in Unequal Society*, Abstract International Federation for Home Economics XXII World Congress, 2012.

100円朝食を考える（高等学校、小学校）

1．単元計画（6時間）

第1次　もし「一食100円以下で生活を」といわれたら（3時間）
第2次　「100円朝食」の献立を作成してみよう（1時間）
第3次　「100円朝食」を作ってみよう（2時間）

2．準備するもの

米、パン6枚切り、スパゲティ、うどん、じゃがいも、卵、塩鮭
魚肉ソーセージ、豚ロース肉（米国）、納豆、干しわかめ、キャベツ、きゅうり
玉ねぎ、トマト、（薬味）ねぎ、人参、もやし、レタス

〈学校にある調味料など：材料費に含めないもの〉

砂糖、塩、酢、しょうゆ、味噌、みりん、コショウ、サラダ油、ごま油、小麦粉、片栗粉、かつおぶし、和風だし、中華だし、コンソメ、ウスターソース、調理酒、マヨネーズ、トマトケチャップ、お茶

教員が準備した食材から献立を考える授業とする。食材は、地元の特産品、実習実施時期や気候による価格の変動などを考慮しながら設定してほしい。

3．授業展開

（1）もし「一食100円以下で生活を」といわれたら

〈コンピュータ教室使用〉

1次では、生活経験の少ない児童・生徒に、100円以下という限られた費用の中でも購入できる食材が比較的あることに気づかせるのがねらいである。そこで、児童・生徒に「100円の食事」をイメージさせた後、実際に市場調査をさせることで、そこで確認できた購入可能な食材の種類と、事前にイメージした購入可能な食材の種類との違いに気づかせることにした。

——みなさんは「一食100円」と聞くと、どのような食事をイメージしますか。

●ごはん（おにぎり）だけ。

●みそしるぐらいはつけられそうかな。

●そんなに困窮したら、ガスとか水道とか大丈夫なのかな。

●コンビニでは何も買えなさそう。

児童・生徒の発言を交流しながら、本当に100円では食べられるものが限られてしまうのかを確認するために、「市場調査をしてみよう」と促す。

①市場調査をしよう【電卓準備】

市場調査の方法には、新聞折り込み広告をチェックする、ネットスーパーをチェックする、などがある。また、近年、安全性とトレーサビリティの確立が叫ばれる中で農産物直売所が増えており、ここで市価より安い価格で購入できるという利点に気づかせることもできる。近隣に農産物直売所があり、市場調査が可能であれば取り組ませてほしい。

> 学校で準備できる食材は、次の表（**表1**）の中のものです。ここからいくつかの食材を選んで、朝食を作ってもらいます。ただし、100円以内で作るためにはそれぞれの食材が一体いくらで売られているのかを知らなければなりません。
> そこで、今から市場調査をしてほしいと思います。各班で協力して調べて下さい。
> 先生のところに、地域のスーパーマーケット（以下、スーパーとする）のチラシがいくつかあります。各班で誰か一人、取りに来てください。そのチラシをもとに、表の中の食材がいくらで売られているかを調べてみましょう。ただし、すべての食材がチラシに掲載されているとは限りません。チラシ調査ができた班は、パソコンを使って、ネットスーパーについても検索をしてみて下さい。どこのスーパーでより安く買うことができるでしょう。
> 調べ終わったら、表の「１人分の金額」まで計算して下さい。あとで、各班に調査結果を報告してもらいます。

●意外と安いなあ。

●100円でも結構いろいろと作ることができそう。

●１人分だと高くつきそう（家族がいた方が安くつきそう）。

●毎日作らないとかえって高くつく。

表１　100円朝食のための食材市場調査シート

学校で準備可能な食材	市場調査結果		１人分の分量の目安	１人分の金額	選○
	分量	金額			
卵			１個		
塩鮭			１切		
魚肉ソーセージ			50g		
豚ロース肉（米国）			50g		
納豆			１個		
キャベツ			１枚15g		
きゅうり			1/8本		
玉ねぎ			1/8個		
トマト			1/6個		
（薬味）ねぎ			５g		
人参			1/8本		
もやし			1/4袋		
レタス			１枚15g		
干しわかめ			１g		
じゃがいも			1/2個		
米			65g		
パン６枚切り			１枚		
スパゲティ			80g		
うどん			80g		
			合計金額	円	

②市場調査結果を共有しよう

市場調査の後、班の代表者に「１人分の金額」を報告してもらう。その際、教員はその結果を板書する。

> 各班の結果が出ました。予算が限られているので、最も安い価格の食材を買いましょう。各自が記入をした「１人分の金額」を、最も安い価格に直しましょう。赤ペンで加筆して下さい。

③使う食材を選定しよう

次に、朝食でどの食材を使うのか、班で選定してもらう。

> 選んだ食品について、表の右端に◯をつけましょう。合計金額は100円以内に収まりますか。班でよく話し合って調整して下さい。

（2）「100円朝食」の献立を作成してみよう

2次では、献立を作る上での条件を提示し、前時に選んだ食材でどのような献立を作るのか、班で相談し決定する。もし、時間がない場合は、班の宿題とする。

①材料費1人100円以内（調味料の費用は含まない）

②30分以内に作れるものを考える（朝食作りに時間は費やせないため）

③学校で準備可能な食材から選ぶ

（3）「100円朝食」を作ってみよう

3次では、各班で作成した献立で朝食を作ってみる。出来上がったところで他班の「100円朝食」も見せてもらい、実習後、ワークシートに考察と感想を記入する際の参考にする。

表2　100円朝食を考えよう〈小学生版〉

食材	1人分の分量	1人分の金額	使うものに○
卵	1個	20円	
豚肉	50g	50円	
ソーセージ	50g	40円	
魚	小1切れ	50円	
納豆	1パック	25円	
乾燥わかめ	1g	3円	
のり	1パック	10円	
キャベツ	1枚	3円	
きゅうり	1/8本	8円	
玉ねぎ	1/8本	8円	
トマト	1/6個	13円	
(薬味）ねぎ	5g	3円	
にんじん	1/8本	8円	
もやし	1/4袋	8円	
レタス	1枚	8円	
じゃがいも	1/2個	20円	
米	65g	25円	
パン	1枚	13円	
スパゲティ	80g	25円	
うどん	80g	30円	
	合計金額	円	

提示した食材

次の点を意識して設定した。

①食品全般：食品の産地にこだわらず、比較的長く保存でき、ある程度まとめ買いや冷凍保存等が可能なものを選んだ。

②野菜等の分量表示：作る側がイメージしやすいことを重視した。

③重量と価格について：一袋に入っている食材の重量調査は、実際には困難である。教員側で事前にそれを補完するデータを準備する必要がある。

④豚肉について：卵料理が体質的に食べられない場合、安価なたんぱく質供給源の１つとして設定した。肉の部位により価格は違うが、本テーマ「100円」にそった肉の種類を示した。

⑤魚肉ソーセージについて：よく使われるハム・ソーセージは高価なため、安価で常温保存が可能な魚肉ソーセージを実習材料に取り入れた。

小学校の場合、前述のような教員の市場調査結果をもとに、子どもたちに食材を選ばせる形で授業をすすめたい。

> 「100円でつくるなんて無理ー！」などと言っていた児童が、45分で献立が出来上がってくると、他の児童に対して発表したい、という気持ちになってくるようです。
>
> ［現職教員からの報告より］

本教材の位置づけ

貧困を考えるとき、いのちと直結する「食」において、生き抜くための最低限の力を身につけることが義務教育段階では必要である。

小学校学習指導要領の「B　日常の食事と調理の基礎」の項においては、⑴ア「食事の役割を知り、日常の食事の大切さに気付く」⑶「調理ができる」が、また、中学校学習指導要領の「B　食生活と自立」の項では、⑴ア「自分の食生活に関心をもち、生活の中で食事が果たす役割を理解」する⑶ア「基礎的な日常食の調理ができる」ことが明記され、生活の自立に必要な基礎的・基本的な知識及び技術を習得することが求められている。

しかし、児童・生徒の実生活に目を向けると、「平成22年度児童生徒の食生活実態調査」（日本スポーツ振興センター学校安全支援）では、エネルギー摂取量が食事摂取基準を満たしていない児童・生徒が約半数おり、エネルギー、たんぱく質、脂質の摂取量は、学校給食のない日に極端に摂取量が少ない者あるいは多い者がいることが示された。その背景には、欠食児童・生徒にとって給食が唯一の栄養補給の場になっており、家庭においては安くてカロリーの高い菓子や菓子パン等を食事代わりにしている実態がある。

このような子どもを前にして、「家庭の問題だから」「社会経済の問題だから」と見過ごすわけにはいかない。貧困の連鎖を断ち切る力をつける、つまり、生活自立力を高めることは子どもの人権を守ることにも通じるのである。

本授業は、万一生活が困窮したとき、100円以下の予算でどう食いつないでいくのかを考えさせるものとして設定している。よって、栄養のバランスや食品の産地などについての学習は、別の時間に学習済みということを前提に進めてほしい。

被服学習をキャリアにつなげる（高等学校）

1．単元計画

第１次　１枚の衣服ができるまで（１時間）
第２次　衣服製作と職業との関わり（１時間）
第３次　衣服が世界とつながっている（１時間）
第４次　グローバルな視点でキャリアをもとう（１時間）

2．準備するもの

世界地図（世界地図で各国を確認しながら理解しよう）

3．授業展開

（1）１枚の衣服ができるまで

１次では、普段着ている衣服がどのように作られるか被服学習と結び付けて、体系的に把握することをねらいとした。衣服ができるまでの流れを把握する。

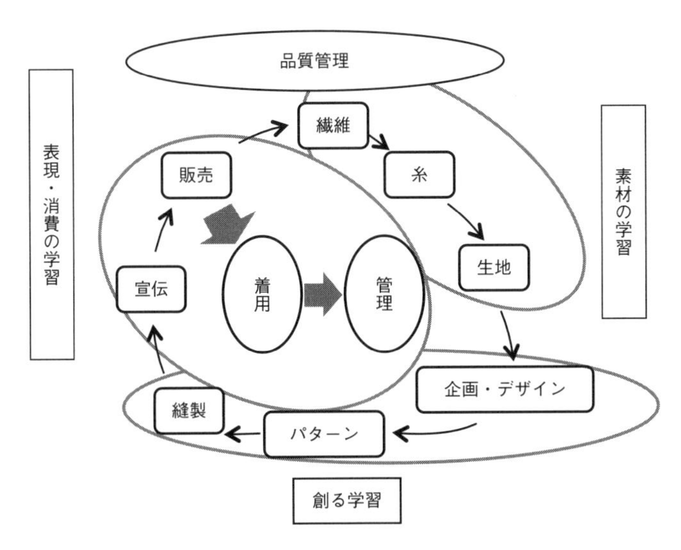

図１　衣服ができるまでと被服学習との関係

出所：筆者作成

みなさんの衣服は、どこで、だれが、どのようにして作っているか知っていますか。どこで、だれが作っているのでしょうか。

●日本　●外国　●デザイナー　●会社　●ミシンで縫っている　●工場

生徒の発言をもとに、実際に衣服がどのように生産されているのかを解説する。

（2）衣服製作と職業との関わり

被服学習の学びを体系的に理解した後、実際衣服が作られるまでにどのような職業の人々が携わり、どのような仕事があるかがわかるように図2を用いて説明する。

衣服ができるまでこのような仕事が関わっている。普段、手軽に安価にコーディネートを楽しめるのも、このようなお仕事に関わる人々の労働の結果であることを理解させる。

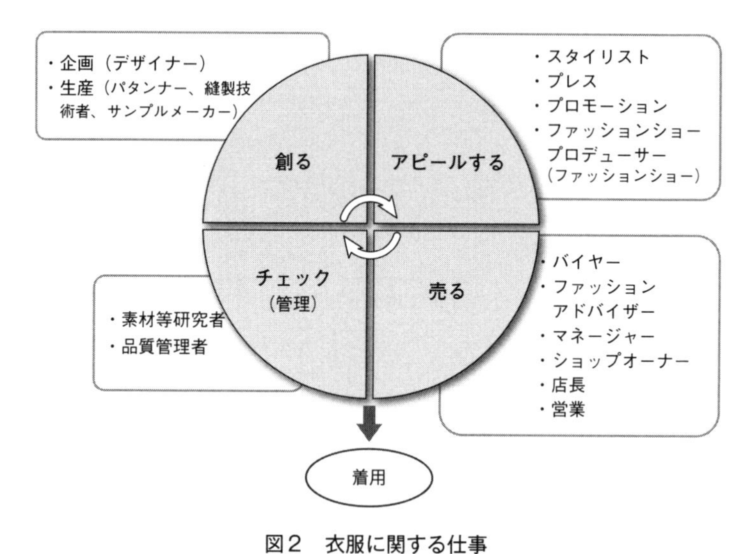

図2　衣服に関する仕事

出所：筆者作成

（3）衣服が世界とつながっている

生産は日本からアジアへと移行した。そのために日本の産地は縮小し、産地で生き残るためには、生産において付加価値を高める必要があった。

西脇市の播州織産地（先染め）には、付加価値をつけるために生地の加工技術を開発し、世界のトップブランドから受注を請け負っている工場がある。日本からアジアに生産地が移行した理由を考えてみよう。

なぜ大量に安価な衣服が手に入るようになったのでしょうか？
皆さんの衣服についているタグを見てみましょう。
どこの国で作られたと書いてありますか。

- ●外国で作っているから
- ●生地が安いから
- ●化学繊維を使うようになったから
- ●工場でたくさん作るから

表1　日本の衣料輸入状況と縫製コスト

国	日本への輸入状況＊1（千枚（PC））	平均労働賃金＊2（米ドル（$）／時間）	指数＊3
1. 中国	2,385,294	0.55〜0.94	309
2. ベトナム	234,081	0.38	173
3. イタリア	82,742	21.87	9,940
4. インドネシア	80,894	0.44	200
5. バングラデシュ	55,244	0.22	100
6. ミャンマー	46,799	／＊4	／
7. タイ	45,653	1.29〜1.36	600
8. カンボジア	28,875	0.33	150
9. インド	26,478	0.51	232
10. アメリカ	18,582	17.57	7,980
日本	／	31.36	14,250

＊1　日本貿易統計（2013年衣類輸入状況）をもとに作成
＊2　Werner International, "International Comparison of The Hourly Labor Cost in The Primary Textile Industry Winter", 2011. をもとに翻訳、作成
＊3　バングラデシュを100とした場合
＊4　ミャンマーは2011年以降、民主化が進み、世界中で注目される生産国となっているが、詳細なデータを公開していない。縫製関係では、中国に続くチャイナプラスワンの国で、バングラデシュよりも賃金が安いと推測される。

日本に輸入されている衣料の8割以上は中国からです。それは、なぜだと思いましたか。また中国以外の国ではどこの国から輸入されていますか。

次に賃金を見てみましょう。一番、縫製賃金の安い国はどこですか。地図で確認してみましょう。なぜ安いのか考えてみましょう。

８割以上が中国であり、アジア中心となっている。またバングラデシュの縫製工賃は、日本での工賃の約１/14であり、中国の約１/４である。

次に労働環境について考えてみよう。

インドの縫製工場では、朝９時から夕方の６時まで働きます。お昼に１時間の休憩があります。また夏には冷房のない会社も多く、扇風機もなく40度近い室温の中で働く人もいます。また、児童労働も多く遠くの地域から出稼ぎにくる人もいます。だいたい１か月の月給は、7000円です。さて、今までの学習で、あなたが普段着ている衣服についてどのような意見をもちましたか。

- ●衣服はたくさん売っているけれど、人々が苦労して作られていることがわかった。
- ●流行の衣服でないからと思って捨てていたけれど、大切にしたいと思う。
- ●衣服は、世界の人々の手によって作られていたのだと驚いた。
- ●縫製工場の労働は大変そう。

イタリアの縫製賃金は高いですが、日本への衣料の輸入が多いです。なぜなのか考えてみましょう。

イタリアには、有名なファッションブランドが多い。多くのブランドを発信できる理由の１つに、イタリアでは家内工業が中心で、多品種小規模体制がある。中小規模の会社が多いので、デザイン性に富んだ、伝統技術の高い製品を作ることができる。ファストファッションは、流行に合わせて短期間に大量生産し、低価格で販売する旬の衣服のことで、私たちはファストファッションを手にすることが多くなっているが、こだわりを重視した衣服も、日本には多く輸入されていることを覚えておこう。

（４）グローバルな視点でキャリアをもとう

本教材では、衣服と仕事について理解するために、グローバルな視点で解説した。生産拠点は、アジアを中心に移行しているが、デザインはヨーロッパやアメリカなどが中心である。もちろん日本人のデザイナーも多く健闘している。2014年のパリコレクションでは、久しぶりに日本人の新しいデザイナーが参加した。

> 日本には多くのファッションデザインがあふれていますが、どこの国で、誰がデザインしていますか。

●フランス　●イタリア　●日本　●いろんな人　●有名なデザイナー

世界には5大ファッションショーがあり、1年に春夏と秋冬の2回、ファッションショーが開催される。5大ファッションショーとは、パリ、ミラノ、ロンドン、ニューヨーク、東京で行われるファッションショーのことで、デザイナーは、このファッションショーに服を出品して披露すると一流であると認められる。最近は、ショーで行われたさまざまなデザインが、瞬時にインターネットなどを通して紹介されるので、アパレル会社の人は、このデザインを参考に、人々に多く受け入れられるような新しいデザインを考え、企画し、生産し、販売する。したがって、有名なコレクションで行われたショーの服に近いデザインの衣服が、瞬く間に店頭に並び、このファッションを楽しむことができる。つまり、生産はアジアで、デザインはヨーロッパやアメリカのデザイナーを参考に、アパレル会社で企画され、多くのメディアで紹介され、店頭に並び、私たちはさまざまな情報を得て、旬のファッションを安価ですばやく手に入れることができる。

コレクションのデザインとは違い、最近は、街行く人々の衣服を調べて、デザイン企画する「ストリート発信」のファッションも人気である。また旬ではない衣服もコーディネートやリメイクによって、旬な服によみがえらせ、長く着ることができる。

> 衣服は世界とつながっており、お仕事もグローバルな世界であることを知っておくことが大切です。インターネットでいろいろな国の文化やファッションショーを調べ、私たちの普段着ている服とどのように違うのか考察してみよう。
> さらにお店にいって、衣服のデザインや価格、ブランドイメージなどをリサーチして、発表し、みんなで情報交換してみよう。

〈本教材の位置づけ〉

現在の衣領域の消費についての学習では、生産地やフェアトレードなどの持続可能な視点での学びはあるものの、その背景にある衣服ができるまでの仕事について学ぶ機会は少ない。特に衣服の生産と消費の構造がグローバルに変化していく中で、キャリアと結び付け、身近な衣服を事例として生産と消費のグローバリゼーションを理解し、衣服の上手な活用や仕事に対する興味を導いてほしい。

ファストファッションの普及により、低価格衣料で流行サイクルの激しい流通が行われている。また家庭科では、衣領域における実技、実験授業の縮小で、衣服に対する知識の低下は著しい。持続可能な生活のためにも、安価な衣服を手に入れることの背景について学び、繊維産業を理解し、労働やキャリアと結び付け、課題解決学習として活用していただきたい。

参考文献

永松浩介ほか編『ファッションビジネスの世界』日本衣料管理協会、2011年

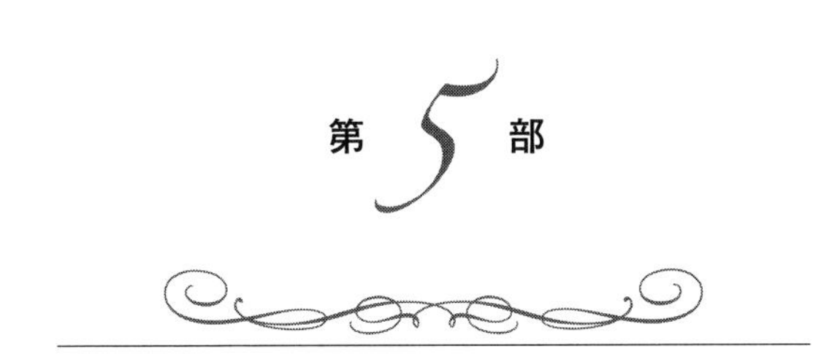

第5部

学習を評価する

第12章

学習を評価し、子どもや家庭に伝える

はじめに

家庭科では問題解決的な学習を重視している。そのためには、結果だけを評価するのではなく過程を含めて評価することが重要である。

評価には、児童・生徒による評価と教師による評価がある。児童・生徒による評価には、自己評価・相互評価がある。教師による評価には、指導のための評価と評定（観点別学習状況の評価Ａ・Ｂ・Ｃ、それらを総括する評定５・４・３・２・１）を付けるための評価がある。

第1節　児童・生徒による評価

児童・生徒による評価には、自己評価と相互評価がある。

自己評価や相互評価は、児童・生徒の学習活動であって教師が行う評価活動ではない。しかし、児童・生徒の自己評価や相互評価などを併用することで、教師のみの評価より信頼性が高くなる。そして、より具体的で客観的な評価になり、評定が出てきたときに児童・生徒も納得するものになる。

1. 自己評価（自分が自分を評価する）

毎時間、授業の初めに目標を設定し、授業の最後に達成状況等自己評価する。生徒の自己評価でも、教師によるチェック欄を設けたり、声かけをしたりすることで、課題の達成状況を把握することができる。児童・生徒の学習意欲につなげる学習評価の工夫ができる

学習過程や学習結果を自己評価カードに書く。まとめの段階だけでなく、中間にも評価する。1枚のワークシートに自己評価のみさせる場合と学習活動と共に自己評価欄を設けて記述させる場合がある。短時間で自己評価を書かせるためには、用紙の大きさも考える必要がある。教師は、子どものつまずきの発見や援助の必要性を見取ることができる。子供の学習意欲を持続させるためにも有効である。

（1）自己評価欄に記入する内容

① 評価項目（振り返りの視点）を明確にし、◎○△（ABC、5・4・3・2・1）の段階から選択する評価方法

例）自己評価カードの一部

- 4観点を入れるようにする。
- ◎○△や5・4・3・2・1などから選択させる。
- 一言コメントは、自己評価に対する理由（なぜその評価を選んだのか）を書かせる。

例）学習計画表

- 児童・生徒に評価の段階を決めさせて評価させてもよい。児童・生徒の考えたオリジナルマークでもよい。
- 全体の評価を欄外などに書かせておく（◎○△など）。
- 授業の初めに本時の予定を決めさせて必ず記入させる。本時はどこま

◇ 作品名	組（　） 氏名
◇ 作ろうとした理由	◇ 作りかえる衣服は？
◇ 完成予想図［構想Ⅰ］ 1回目：青、2回目：赤 3回目：　、4回目： 作業したところを日時順に色分けしよう。	◇［構想Ⅱ］
◇ 必要な用具・材料（学校にないもので、学校で用意してほしいものには●の印をつけよう。） ○　○　○ ○　○　○ ○　○　○	

	日付	☆作業予定	☆本時の感想・反省・工夫した点など	自己評価
1	／			
2	／			
3	／			
4	／			
5	／			

図1　学習計画表

でやるのか見通しを立てさせる。これが授業終了時の自己評価につながる。

② 自由記述による評価方法

「自分の実践を振り返ろう」「感想や反省」「今日の授業で思ったこと、考えたことなど」と書かれているところに、自分の考えを書く。他に、「工夫したところ」「苦心したところ」「改善したいこと」「今後生活に生かそうと思うこと」「友だちの作品を見て思ったこと」など書き、児童・生徒に自由記述の内容を促す。

③ キーワードを提示し、振り返りの幅を広げた評価方法

自由記述は、文章表現力がある児童・生徒はよいが書くことが苦手な児童・生徒にとっては、自分の考えを十分に文章に表現できないことがある。そこで、振り返りを書く内容の幅を広げるために、「キーワード」となる言葉をいくつか提示し、その言葉を糸口に自由記述できるようにする。

④ ①②の併用

◎○△や５・４・３・２・１やＡ・Ｂ・Ｃと自由記述を併用して書かせることも多い。

☆学習を振り返って当てはまるものを○で囲もう。その中で選んで、または一言タイトルを付けてコメントを書こう。		
・人から学んだ　・モノから学んだ　・参考になった ・説得力があった　・気づいた　・考えた　・発見した ・大事だ　・納得した　・わかった　・すごい　・うれしい ・驚いた　・役に立つ　・なるほど　・できた　・やはり ・改めて　・しかし　・これからは　・さすが	一言タイトル	

図２　振り返りシート（１枚のワークシートの中の一部）

１枚の自己評価カード例

図３の自己評価シートは、毎時間ごとに評価させたものである。

必ず今日の目標を授業の初めに書かせ、授業の最後に振り返りをさせる。

授業の最後に簡単に書かせるために用紙はB5の半分のものを使用している。

テーマ	
月　日（　）　　年　組　番 氏名	
○今日の目標	
１．きょうやったこと ２．他から学んだこと（人、もの） ３．工夫したこと・注意したこと	
◎全体計画のどこまで進んだか・次にやりたいことは何か・感想	自己評価◎○△

図３　自己評価カード

２．相互評価（児童・生徒同士の評価）

他者評価には、児童・生徒同士の評価と教師による評価と保護者や地域の人などによる評価がある。また、他者に対する評価と他者からの評価がある。相互評価では、児童・生徒同士の評価で、ペアや班の中で評価し合ったり、クラス全体で班ごとに発表しそれを評価し合ったりする場合がある。アドバイスカード、メッセージカード、チェックカードと呼び評価する。

自己評価を行う前に相互評価を入れると、今まで気づかなかった自分の良い点や問題点に気づき、他者からの評価を加えることでより自己評価が正確になる。

学習シート（生徒の相互評価表）

年　組　番 氏名

★ 実習のチェックシート

月　日　（　）　　ペアの人　チェックした人　名前（　　　　）

◎できた　○もう少し　△できていなかった

チェック項目	チェック者	自分
①まな板の正面に立てたか。		
②姿勢正しくできたか。		
③利き手でほうちょうの柄をしっかりにぎれたか（人差し指をみねにそえてもよい）。		
④材料を押さえる手の指先は丸められたか（猫の手）。		
⑤ほうちょうをまな板に置くときは刃を向こう側に向けて置けたか。		

自己評価	エプロン	三角巾	手ふき タオル	手順	安全	片付け（順位）
◎○△						

図４　チェックカード

図4は、包丁の使い方練習のチェックカードである。ペアで、お互いにチェックしあい評価する。

第2節　教師による評価

1．指導のための評価

毎時間の評価の積み重ねが評定につながるが、毎時間の評価が即評定（通知表に表れる）ではない。児童・生徒全員が、観点別評価「Ｂ」以上となるようにすることを前提として指導を行う。

最終的に全員が「Ｂ規準」以上となるように指導していくための「指導

のための評価」である。

児童・生徒の様子やワークシートの記述、作品を見て評価結果を次時に活かし授業を修正していくためにも活用できる。

特に、作業中の「技能」の評価は、点数化して最終の評価にはしない。例えば、「まつり縫い」の学習では、練習段階で教師がチェックをして評価をするが、評定のための資料集めではなく、指導によって最終的に全員が「B」になるように指導する。「まつり縫い」のやり方を間違ったまま次に進むことがないように評価し指導していくためのものである。

自分の評価が低かった場合、期限を区切って見直しのチャンスを与え、再提出も可能にする場合がある。例えば、家庭学習で、衣服の取扱い絵表示を調べ、絵表示を言葉で説明する課題に対して「B」の生徒が、調べなおしてきて再提出できるようにする。そして、新たな評価として「A」をつける。しかし、1回目に提出した評価は赤ペンで「B」、2回目の提出は色ペンを変えて「A」と書くようにする。

2. 学期末や年度末の評定につながる評価

題材の区切りや終わりに児童・生徒がどのくらい力が付いたかどうか見取るための評価である。当然、結果だけでなく過程の段階も含めて評価していく。

(1) 評価基準の作成にあたって

題材の目標を明確にし、それに順じた評価規準を設定する。評価規準を設定するには、文部科学省の「学習指導要領解説」と国立教育政策研究所の「評価規準の作成、評価方法等の工夫改善のための参考資料」は、必須である。教科書会社のWebページも参考にしてもよい。

(2) 評価の観点・評価場面・評価方法の決定

どの場面で何についてどのように評価するのか考える必要がある。

評価においては、１時間の授業の中で評価場面を位置づけ、多様な評価方法を取り入れながら客観的に行う。

それぞれの評価の観点（生活や技術への関心・意欲・態度、生活を工夫し創造する能力、生活の技能、生活や技能についての知識・理解）について評価する場面と評価規準、評価方法を明確にする。

毎時間４観点について評価しなくてもよいが、題材全体では必ず４観点が入るように、評価基準を設定する。

１時間ごとの評価の観点、評価規準及び評価方法を児童・生徒の具体的な姿で設定する。

（３）評価記録のまとめ

累積した評価記録を基に題材のまとめをする。

評価資料の整理は題材終了ごとに行っておく。

教師は、ワークシートやノート、作品など評価（例えばABCなど）したものを学期ごとに評定をつけるときに、評価結果を数値に置き換えて点数化する。点数化するときには、観点別に評価を分類し、基本的に、評定は、評点として数値化しておき、授業時間数の割合で点数化し評定を決定する。

最終的に、４観点ごとに観点別評価（ABC）を決定し、その後評定をつける。

第３節　評価記録をつける（評価の実際）

評価基準に基づく資料はすべて収集し評価の資料とする。以下、教師が具体的にどのように評価するかを示す。

1. 教師の評価資料

○観察（発言・発表）

座席表や名列表に、教師の発問に対して、自主的に発表したら☑、指名して答えたら✓などと印を分けて記入する。児童・生徒全員を公平に指名するためにも座席表に印をつけることは有効である。しかし、チェックの数で評価しないことを頭においておくことが大切である。

児童・生徒の発表に対して、教師は、一言でもいいので発表者に対して必ずコメントをしてあげると生徒の意欲が持続する。

○ワークシート・ノートの記述

自己評価も含めてワークシートに書かれている内容を評価するときは、授業の本時の目標に合わせて観点を見るポイントを決めて獲得してほしいポイント（キーワード）３～４つ設定し、そのキーワードが入っていればＡなどあらかじめ評価の観点のポイントを決めておくとよい。

中学校の場合、学年の生徒全員、同じ目線で評価するので集中して一度に評価するとブレがなくなるのでよい。

学年全体のワークシートを評価するには、

①ワークシートを仮にABCに分ける。

②さらに、Ａと教師が評価したものをもう一度見ていき、同じＡの中でもズレがないかどうか確認する。

③ワークシートに評価を書く。

④同時に教師は、児童・生徒の記録簿（名簿）などに評価を記録する。

②最終的に、他の評価と合わせに、このABCを数値化する。

場合によっては、項目ごとに観点別に分類し、それを数値化する。

例）Ａ○を８点、Ａを５点、Ｂ○を４点、Ｂを３点、Ｂ’を２点とする。

○実技評価

実験・実習における行動観察をする。客観的に行えるように工夫する。

例えば、ルーブリック（評価指標）をつくって評価する。

○作品による評価

評価基準を活用して学習カルテに簡単な記号（✓　◎○△　ABCなど）、簡潔な記述で記録する。

デジタルカメラやデジタルビデオを使い学習状況の撮影（児童・生徒の活動の様子を思い出すのにも有効）をし、評価を付けるときの参考にする。

○ペーパーテストによる評価

テストをつくるときにあらかじめ、観点別に分けて問題をつくる。

○評価の仕方（簡素で効率的な学習評価）

point! どこにでもあるもので簡単に

・ハンコ・スタンプを使う（手づくりハンコなら最高！）

例えば、１つのハンコでもノートの位置でABCを表す（上A、真ん中B、下Cを表すなど）。あるいは、ハンコやスタンプの数で表す。

・ハンコに文字が書いてあるものを使う。

「よくできました」「がんばろう」と絵やイラストと共に描かれているものを使う。ハンコの文字が気になったら、絵の部分だけを残して、文字を削るのも１つの方法。

・シールの活用

例えば、縫い方練習や作品制作では金シールA○、銀シールA、赤シールB○、黄シールBのように色別で表す。縫い方練習などは再チャレンジで全員Bになるようにするために低い評価をつけるが、Cよりも色別シールの方が生徒の意欲も持続する。シールの形や大きさも考える。１枚の丸いシールを切って（４等分すれば４つになる）相互評価に活用してもよい。

2. 児童・生徒の評価資料

①思考の流れがわかるように何でも記録に残す

目標に準拠した評価の妥当性、信頼性を高めるためにも、授業中の児童・生徒の様子を記録に残すことは必要である。結果だけでなく、過程を大切にする。

◇ 作品名	組（　） 氏名
◇ 作ろうとした理由	◇ 作りかえる衣服は？
◇ 完成予想図［構想Ⅰ］ １回目：青、２回目：赤 ３回目：　、４回目： 作業したところを日時順に色分けしよう。	◇［構想Ⅱ］

作業の過程が見えるように、構想図Ⅰに書いた図に、毎時間ごとに、進んだ内容を色別に表す。

構想図Ⅰには初めに考えた完成予想図を描き、変更した場合には、構想図Ⅱに書き換え、思考過程が見えるようにしておく。

図５　生徒の思考過程が見えるワークシート例

②子どもがやったことをすべて記録に残す

学習した内容すべてをファイル（ノートでもよい）などに綴じておく。１つの題材ごとに、児童・生徒の学習の成果を示す作品、ワークシート、テスト問題や解答用紙などをすべて一カ所にまとめておくと、児童・生徒が後で振り返ったときに学習した内容が、思考の流れに沿ってわかってよい。常日頃から思考の流れに沿って自分の考えを書くように指導しておくとよい。そのためにも、ワークシートに下記のようなことを書いた「情報カード」を提示する。この用紙は蓄積していくようにしてもよい。

・学んだこと、調べたこと、考えたことなど、とにかく何でも書いておこう。

・つくったものはとっておこう。資料となるものは、貼っておこう。
・何でもひらめいたことはメモしておこう。

○ワークシート・ノートの生徒の記述の工夫

教師の発問に対してすべての児童・生徒に発言させることは無理である。そのために、ワークシートやノートに自分の考えを書かせた後に発表させる。発表後は自分の考えと発表した人の考えを分けて書いたり、色ペンで分けたり、印をつけたりして書くように常日頃から習慣化しておくと短時間で書くことができるようになるのでよい。

学習のねらいを書く

・何時間で行うか児童・生徒に授業の最初に伝えておく
・自分の考えを書く
・授業の最後に今日の授業の振り返りや自己評価への記述の習慣化することで１人ひとりの学習状況を把握することができる。
・授業のタイトルを書く
・自分の考え（感想）と他の児童・生徒との考え（感想）との違いが分かるように、児童・生徒の考えや付け足しは色をかえたりマークを付けたりと分かるように書くように指導する。
※教師は学習のねらいや児童・生徒の考えを基に学習の評価基準を明らかにできる。
※児童・生徒が自ら振り返ることができる。
※一枚一枚のワークシートだけに頼ることのないように、題材全体を見渡しておく。

第４節　子どもや家庭に伝える

子ども（児童・生徒）には、学年の初めのオリエンテーションで１年間、あるいは、２・３年間の見通しを説明する。

学期末に、通知表という形で学校から保護者に児童・生徒の学習状況を伝える。通知表に表れている評価だけでは、保護者や児童・生徒は理解しにくい場面がある。そこで、通知表の他に、評価に関する情報（評価結果の説明）を評定がどのようについているのか評価方法も含めて提示する。評価規準を提示して積極的に提供し、保護者や児童・生徒に理解を進めることが重要である。

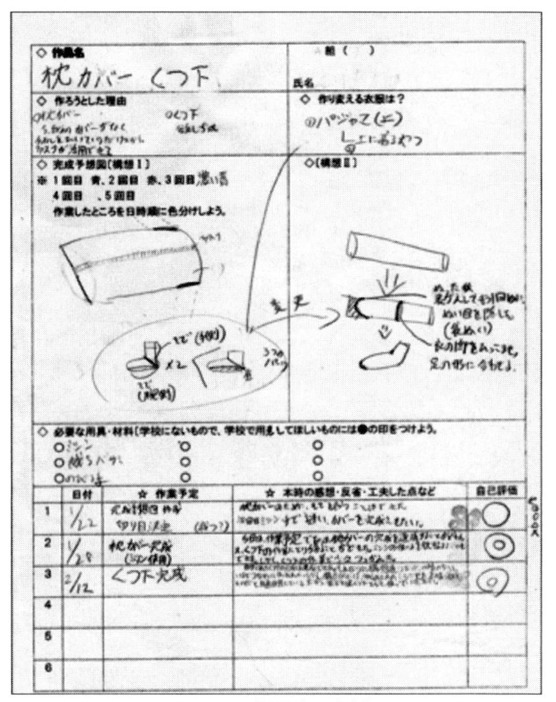

◇ 作品名　枕カバー　くつ下　　組（　）　氏名

◇ 作ろうとした理由　　◇ 作り変える衣服は？

①パジャマ(上)

◇ 完成予想図〔構想Ⅰ〕　　◇〔構想Ⅱ〕

※ 1回目 青、2回目 赤、3回目 濃い緑

4回目　、5回目

作業したところを日時順に色分けしよう。

◇ 必要な用具・材料〔学校にないもので、学校で用意してほしいものには●の印をつけよう。

	日付	☆ 作業予定	☆ 本時の感想・反省・工夫した点など	自己評価
1	1/22			○
2	1/29	枕カバー完成		◎
3	2/12	くつ下完成		◎
4				
5				
6				

図６　学習計画表例

保護者に示す評価規準は、各観点のＢをまず示すようにする。評価の観点のＡ、Ｃについては教師が把握しておき、授業の中で、児童・生徒に適宜説明していくが、保護者には保護者からの質問があったときに説明できるようにしておく。

具体的には、技術・家庭科（家庭科）の目標、題材と指導時期、評価の仕方を学期末に示す。

作品の評価に学習計画表は有効である。

おわりに

毎時間の評価の積み重ねが評定につながるが、教師は、何のために評価をするのか、毎時間の評価が即評定ではないことを常に頭においておく。児童・生徒の学習状況を把握し、学習意欲を引き出し、成長を振り返ることができるような評価方法を工夫し評定につなげていく。

第13章

評価を授業改善に結びつける

はじめに

「評価は到達度を測定するもの」「評価は頑張った努力が認められるもの」「評価は主観的であり、客観的な評価は難しい」さまざまな評価の捉え方がある。「評価は数値化された成績であり、進路のための資料である」と考えている人もいるだろう。しかし、評価は、生徒をネブミしたり、ランキングすることではない。評価は、生徒の活動を数値化して成績をつけることでもない。評価は教育の目的ではなく手段である。授業の中で、生徒が何を理解し、何ができたのかをみることから評価は始まる。そして、どうすれば理解を深め、どうすればよりできるようになるかを考える。どんな教材が適しているのか、どんな方法で教える方が生徒の力をつけることができるのか、授業を改善することが評価の目的である。指導と評価の一体化とは、評価によって授業が変わっていくことを意味している。その意味で評価は授業づくりであるといえるのではないだろうか。この章では、評価を授業改善に結びつけることを具体的な授業から学ぶ。

第1節　さまざまな評価

1．評価の種類

教師が生徒を評価する「教師による評価」が授業で主に実施されている評価である。しかし、評価の主体は教師だけではない。誰が評価するのか（評価の主体）、何を基準に評価するのか（評価の目的）、いつ評価するのか（評価の時期）によってさまざまな種類がある。はじめにどのような評価があるかみておこう。

誰が何を評価するのかによって、次の４つの評価がある。

教師評価：教師が子どもを評価する。
相互評価：子どもどうしで評価する。
自己評価：子どもが自分を評価する。
授業評価：子どもが授業を評価する。

何を基準に評価するかによって、次の３つの評価がある。

相対的評価：集団の中での位置を相対的にみる。
絶対的評価：目標に準拠した評価、個人を基準にして何を学んだかをみる。
到達度評価：到達度目標を明確にし、教育実践を改善して、子どもの学力を保証する。

いつ評価するのかによって、次の３つの評価がある。

診断的評価：授業のはじめに子どもの状態を知る。
形成的評価：授業の中で子どもを把握する。
総括的評価：授業の最後に子どもの学びを確認する。

2. 評価規準と評価基準

評価規準（criterion）とは、目標に準拠した評価（絶対評価）を行うときの目標を示したものであり、その実現状況を判断する指標である評価基準（standard）を設定することが不可欠になるとされている。絶対評価の導入によって、子どもの学習成果を得点化するために、観点別の評価規準と評価基準を設定したルーブリックが作成されている。ルーブリックの作成は、教えるべきことを明確にし（評価規準）、どの状態でその目標が達成されたと判断するかの量的尺度（評価基準）を確定することである。しかし、浜田［長尾・浜田編 2000］は、教師が子どもたちを評価するとき、まず、子どもたちに教えるべきことがあるという前提を疑わない限り、評価の行為は確たる意味をもち、あとは評価の技術のみが問題だということになるとしている。浜田は、「学校で教えるべきことは何か」、そこで子どもが「学ぶべきことは何か」を論じることがなくては、その成果を測る評価の意味も、本当には見えてこないとする。

3. 真正の評価

ペーパーテストだけでなく、パフォーマンス（成果）で評価し、共同体のメンバーが複数で評価する教育評価として真正な評価が注目されている。授業で学んだことを図やイラスト、壁新聞や身体表現、スピーチ、実験、完成作品など多彩な方法で表現させ、その作品（パフォーマンス）をもとに評価するのがパフォーマンス評価である。パフォーマンス評価の１つにポートフォリオがある。自分の学びを紙ばさみにまとめたポートフォリオづくりをとおして、学習者が自らの教育活動を評価する評価方法である。特に子どもの生活からはじめて、子どもの生活にかえる教科である家庭科は、ペーパーテストだけではなく子どものさまざまな表現を評価することが重要である。そのためには、作品の製作をはじめ、レポートや調べ学習の発表会など子どもが表現する場を設定すること、さらに教師だけではなく子どもどうしの評価や自己評価を授業の中に位置づけることが必要である。

第2節　評価は授業づくりである

それでは、家庭科の授業での評価は具体的にどのように行われているのだろうか。「コースターを織る」授業で評価がどのように授業を変えていったか、評価は授業づくりであるとはどういうことかをみていこう。

1．作品の完成度を評価

麻紐と段ボールでコースターを織る授業では、出来上がった作品を評価していた。ゆがんでしまった作品や、織り方の粗い作品の評価は「2」である。織り目がきれいで、平織りだけでなく、綾織りができた作品には「5」の評価をつけていた。教師がある基準をもって生徒の作品をネブミしていたことになる。

2．形成的評価で授業を変える

コースターの織り方をどんなにていねいに説明しても、なかなか全員が完成度の高い作品をつくることは難しかった。どうしてもゆがんだり、縫い目の粗い作品になってしまう子どもがいた。子どもの様子をみていると、うまくできない理由が2つあることがわかった。1つめは、縦糸が等間隔にしっかり張れていないこと。2つめは、横糸を強く引きすぎていることである。この2つに注意すれば作品の完成度は上がるはずである。そこで、縦糸が張れた段階で教師に見せにくるように指示した。1人ずつ縦糸の張り具合と間隔を教師が手で触れて確認してから、横糸に進むことにした。次に横糸を張りすぎてゆがんでしまった見本を用意し、横糸を引き過ぎないように各グループを回って観察した。この２つの形成的評価を実施することで、作品の完成度は高くなる。しかし、相手は40人である。話を聞いていない生徒もいるし、教師が見落としてしまう生徒もいる。やはり、全員が満足のいく作品をつくることはできなかった。

3. 自分の課題を決めて２作目に挑戦

１作目が完成した子どもたちをみていると、もう１回やりたいと思っていることが伝わってきた。そこで２作目のコースターを自分の課題を決めて製作することにした。平織りだけでゆがまないように織りたい子、綾織りをやってみたい子、１作目がていねいすぎて完成していないのでつくり続ける子などさまざまな子どもの姿があった。１作目がうまくできた子にはいろいろな色の糸を用意して大きさ・色・形・織り方を自由に織っていいことにした。すると、２作目はそれぞれの課題をもとに創意工夫された作品が完成した。綾織りの方向を途中で変える子、自分独自の織り方を開発する子、大きな作品に２人組で取り組む子、円形に織りはじめる子や籠を織る子まで登場した。１作目は２時間もかかったのに、２作目は40分程度で仕上げて３作目を織りはじめる子もいた。そこここで子どもどうしが教え合っている。本当に楽しく自分たちで授業に取り組んでいる姿が見られた。

4. 総括的評価は５

子どもたちがどこでつまずいているかを確認し、つまずきを解消するための形成的評価をすることで、楽しく完成度の高い作品をつくることができた。総括的評価は全員５になる。籠を作った子は、評価は６であると自己評価していた。評価とは、教師が子どもに観点別にABCをつけて、５・４・３・２・１と評定を下すものではない。授業の中で子どもを見て、何ができないのか、どうすればできるようになるのかを考え、授業を変えていくために評価するのである。形成的評価を実施することで、授業を改善し、すべての子どもに力をつけることをめざすことが授業の目標である。言い換えれば、全員の総括的評価を５にすることを目標に授業をつくりなおすことが評価ではないだろうか。その意味で評価は授業づくりである。

第３節　評価は子どもを励ます

1.「教科書を紹介する」授業

授業の中で評価が子どもを励ます事例を見ていこう。「教科書を紹介する」授業は、はじめての家庭科の授業で、子どもたちが教科書の中から自分が友だちに紹介したい内容を発表する授業である。自分が面白いと思ったこと、びっくりしたこと、大切だと思ったことを家庭科の教科書の中から選んで、なぜその内容を選んだのか理由をひとりひとりが説明する。紹介された内容は次のようなものである。

- 私が紹介したいのは、衣服についたしみのページです。しみは時間がたつと落ちにくいことがわかったので、今度からしみがついたらすぐ落とそうと思いました。
- 僕が紹介するのは、ハンバーグのページです。おいしそうだからと、売っているハンバーグには変な肉が入っていると聞いたことがあるので、自分でつくってみたいと思ったからです。
- 最後のページに金子みすずという人の詩が載っています。この詩を僕はとてもいい詩だと思ったのでみんなに紹介します。これから家庭分野で勉強して、この道を行くのだなあと思いました。

生徒たちは、元気に手を挙げ、次々に教科書のページを紹介していく。授業が進むにつれて、自分はもっと上手に発表しようという子どもたちの気持ちが伝わってきた。教室には教科書の文字さえ満足に読めない生徒や、人前で発表するのが苦手な生徒がいる。そんな生徒も嬉しそうに、あるいはやっとの思いで全員が発表することができた。それはなぜだろうか。どうして生徒は手を挙げ、どうして生徒はもっとよい発表をしようと思ったのだろうか。発表が得意ではない生徒が頑張れたのはなぜだろう。1つには、この授業は教師が授業をしているというより、生徒と一緒につくっている授業だったからではないだろうか。教材は教科書である。教科書という枠組みはあるが、発表する内容は生徒が自分で選択した。発表する理由を考えるというハードルを越えて、自分たちが発信することで授業をつくっていくことが、生徒が意欲的になった理由ではないだろうか。

2. 教師に評価してもらえる授業

生徒が意欲的になった2つめの理由は、自分が発信することを他の人に聞いてもらえる、評価してもらえることがあげられる。発表については、教師がコメントすることで評価した。

- ハンバーグのページ「おいしそうだからという理由だけではなく、他の理由もあってよいですね」……理由を評価する。
- しみのページ「何かしみをつけたことがあるのですか」「ケチャップです」「みんなの中にも制服にしみや汚れをつけた人はいますか？」……発表内容を広げることで評価する。
- 最後の詩のページ「最後のページまで見てくれたのですね。とてもよい詩なので読んでくれますか」……詩をみんなに朗読することで評価する。

このように理由を確認したり、発表内容を他の人に広げたり、朗読することで発表を共有することで、教師が生徒を評価した。しかし、それだけではなかった。この授業の中で評価をしていたのは教師だけではなかったのである。

3. 生徒が生徒を評価する

すごいことに気づいたねとか、もう少し理由を言ったほうがいいよ、といった評価が子どもたちの間でされていたのである。「もっと、大きな声で言って、聞こえなかったよ」「理由の意味がよくわからないよ。もう一度、理由を言って」「おお！」「ふんふん、なるほど……」といった反応やつぶやきが発表している生徒を励ます。あるいは、発表が得意ではない子を何となく待ってあげる教室の中の「間」が生徒の発表を勇気づけていった。あるクラスに場面緘黙の生徒がいた。ページは指し示すが、どうしても声を出して理由が発表できない。すると、「こういう理由？」「違うのか、じゃあこういう理由？」と理由を予想してくれる生徒がいるが、発表者は首を振るばかりである。「理由を黒板に書いてみたらどうか」と一生懸命応援する。発表者はにっこりと笑うばかりで黒板に理由は書けなかった。しばらくしてから彼は教師のそばに来てそっと理由を教えてくれた。そのとき私は初めて彼の声を聞いたのである。授業の中での教師からの評価や友だちからの評価は、子どもを励まし、子どもの意欲を高め、授業をつくっていくのである。

第4節 自己評価の意味

次に教育評価の中の自己評価について考えてみよう。「自己評価だけが学習に生きる評価である」「生徒の自己評価こそが直接的効果を発揮する」など自己評価の重要性がいわれている。田中［「自己評価」1987］は、「自己評価」は、その知識の自分ないし自分たちにとっての価値や意味、そしてそれらと結びつく知識の生かし方などについての吟味へと一段深める必要があるとする。自己評価とは自分の活動をある規準で振り返り、何ができて何ができなかったのかを点検して反省して終わるものではない。それでは自己評価にはどんな意味があり、どのように自己評価を実施することが必

家庭科教育法　自己評価　A

番号	氏名

		評価規準	54321のいずれかに○をつけてください。
1	ミニ模擬授業	３人に対して指導案を言葉にすることができる。	5　4　3　2　1
2	模擬授業をする	大人数の前で板書をしながら授業をすることができる。	5　4　3　2　1
3	模擬授業を受ける	生徒の立場で授業に参加することができる。	5　4　3　2　1
4	カンファレンスする	授業後のカンファレンスで、授業について話し合うことがでいる。	5　4　3　2　1
5	最低の授業から学ぶ	最低の授業を分析することで、よい授業とは何かを考えることができる。	5　4　3　2　1
6	発表と授業と洗脳	発表と授業と洗脳の違いを考えることができる。	5　4　3　2　1
7	学習指導要領を学ぶ	子どもの言葉に書き換えることで、学習指導要領の内容を理解する。	5　4　3　2　1
8	指導案（展開）を書く	指導案を作成することができる。	5　4　3　2　1
9	板書案を書く	わかりやすい板書を作成することができる。	5　4　3　2　1
10	指導案をチェックする	指導案をチェックすることができる。	5　4　3　2　1
		自己評価小計	
11	指導案・板書案の提出	採点	（仮）30
12	家庭科教育法の反省と課題	採点	（仮）20
		自己評価合計点	

家庭科教育法の反省と課題

家庭科教育法　自己評価　B

番号	氏名

欠席　自己採点

			S	A	B	C	D	点数
		授業内容	5	4	3	2	0	
1	ミニ模擬授業	指導案を言葉にして３人に授業をする。						
2	模擬授業をする	大人数の前で授業をする。（板書）						
3	模擬授業を受ける	生徒の視点で授業に参加する。						
4	カンファレンスをする	授業の内容について意見を交流する。						
5	最低の授業から学ぶ	最低の授業を分析して、よい授業とは何かを考える。						
6	発表と授業と洗脳	発表と授業と洗脳の違いを考える。						
7	学習指導要領を学ぶ	子どもの言葉に書き換える。						
8	指導案（展開）を書く	指導案を作成する。						
9	板書案を書く	わかりやすい板書を作成する。						
10	指導案をチェックする	指導案をチェックする。						
							自己評価小計	
11	指導案・板書案の提出	採点						（仮）30
12	講義のまとめ（家庭科教育法で学んだこと）	採点						（仮）20
							自己評価合計点	

家庭科教育法で学んだこと

図１　自己評価カードの例

要なのだろうか。自己評価の例として、大学での家庭科教育法の学生による自己評価の例Ａ、Ｂを示す。２つの自己評価の違いはなんだろうか。自己評価Ａ、Ｂともに上段では、評価の観点が示されており、下段では自由記述で自己評価をする点では共通であり、大きな違いはないように見える。しかし、Ａ、Ｂの記述には大きな違いが現れた。

Ａの自己評価は、評価規準が示されており、その規準に照らし合わせて５・４・３・２・１で自分を評価する。Ｂの自己評価は、評価規準は示されておらず、授業の内容が示されているだけである。つまり、Ａの自己評価は、規準を教師が設定しており、教師が設定した規準をみたすことができたかどうかを数値で自己評価することになる。Ｂの自己評価は、示され

自己評価Aの記述

「家庭科教育法の反省と課題」

模擬授業をする際、自分なりに準備をしっかりしていったつもりであったが、なかなか実際には予定通り進めていくことができなかった。自分1人でも、実際にやっておけば、もっとうまくいったはずだと思う。今後は、もっとたくさん指導案を書いてよいものにして実習にそなえたい。授業の生徒役で、あまりなりきれていないときがあった。授業をつくっていくときに、生徒の気持ちを考えられないのは、大きな問題になると思う。また、授業案、板書案は自分が提出したものは、あれが最良だったのか。もっと考えられたのではないかと思う。これらは反省でもあり、今後の課題でもあると思う。

自己評価Bの自由記述

「家庭科教育法で学んだこと」

どのようにして授業をつくっていけばよいか、ポイントはどこにあるかということを、授業全体をとおして学んだと思います。また、友だちの授業展開の様子、模擬授業、指導案、板書案を見る機会が、前期の授業をとおして非常に多くあり、(同じ題材であっても、自分では、思いつかなかったであろう)自分とは違った捉え方の授業、展開の仕方をしている子が多く、とても勉強になりました。このクラスで「共有」する機会があったからこそ学べたことだと思います。自分で考えた実際の授業を発表するときも、友だちから自分だけではわからない指摘(良い面も悪い面も)をしてもらい、少し自信がつきました(まだまだですけれども……)。やはり、実際に行動することが大切だと思いました。授業も実際に行ったものが題材だったので、臨場感(もし、自分だったら……)を持って受けることができたと思います。やはり、教育法はひとりでは絶対に学べないと思います。誰かと一緒に、アドバイスをもらいながら、指摘をもらいながら学習していくことなのだ、と改めてわかりました。自信が持てない性格なので、最初は辛いなと思っていましたが、きちんと伝えてわかってもらう、共有することが大切だと、今は思います。

この授業で私が一番学んだことは、“ほめる”ことです。ずっとずっと強くそう思っていて、今も迷わず書いています。大学では、他の授業でも、実践記録や指導案を読んだり、模擬授業をしたりしています。でも、その多く、ほとんどがあら探しに、ダメだしです。もちろんそこからたくさんのことを学びましたし、大切な意味のあることだと思います。しかし、いつのまにか何を見ても批判的に見てしまう、「あそこがダメだなあ、ここもおかしい」

とダメな所にしか目がいかなくなってしまった自分に、正直うんざりしていました。大学に入ってダメ出し力ばかりついていく……とどこかで寂しかったのです。でも、この授業を実際に受けて、いつも大げさなぐらいほめてくれる先生を見ていたら、当たり前のことなのでしょうけど。「ほめてもいいんだ！」と思ったし、先生をマネして積極的に良いところを探し、先生みたいに上手にほめられるようにと工夫しました。ほめられると私もうれしかったので。それ以来、不思議なことに自分の視野が広がった気がするし、模擬授業を見たり、記録を読んだりするのが、ずっと楽しくなりました。もちろんダメなところをいうのも大切だけど、うまくほめられたら、クラスがよい雰囲気になると思います。

た内容について、評価者が自分で規準を決めて評価する。自由記述では、Ａは「家庭科教育法の反省と課題」を記述するが、Ｂは「家庭科教育法で学んだこと」を記述する点に違いがある。具体的には自己評価Ａ、自己評価Ｂでは次のような記述の違いが見られた。

Ａの自己評価の記述は、教師の示した規準で自分の学びをチェックし、反省点と課題を示している。Ｂの自己評価の記述は、自分の学びを自分で確認しているので、教師の規準にとらわれず各自の学んだことが表れている。自己評価の目的によってどちらの自己評価の方法を選ぶかが決まるが、Ａの自己評価は規準がはっきりしているので客観的な自己評価を得ることができる。一方、Ｂの自己評価は記述の量が多いだけでなく、豊かな学びが記述されていた。また、記述の内容に違いはあるが、Ａ、Ｂどちらの自己評価も自分の学びを確認することで次の学びの準備がされていることが読み取れる。さらに学生の自己評価は、授業者にとっては授業を評価されていることになり、授業者は次の授業づくりの方向性を得ることになる。自己評価は学生の次の学びを準備し、教師に次の授業づくりを方向づけるものであった。

おわりに

本章では、「評価を授業改善に結びつける」視点で教育の評価を捉えてきた。「コースターを織る」の授業では、子どもがどこでつまずいているか、なにをすれば子どもの達成度を上げることができるか、子どもをよく見て形成的評価をし、授業をつくりなおすことが評価の目的であることを示した。「教科書を紹介する」授業では、教室での教師による評価や子どもどうしの評価が子どもを励まし、評価することそのものが授業をつくっていることをみてきた。最後に自己評価は、自分の次の学びを準備するとともに、教師にとっては授業評価となり、次の授業をつくる方向性を示すものであることを示した。評価は教師が一方的に子どもを評価して評定に結び付けることで終わるものではない。さまざまな主体がさまざまな評価をすることで、評価は授業をつくりなおし、子どもの学びを保証する。評価は授業づくりそのものであり、次の授業づくりに結び付くものである。そのような評価をするためには、授業の中で子どもが表現する場を設定することが必要になるであろう。

参考文献

長尾彰夫、浜田寿美男編『教育評価を考える――抜本的改革への提言』ミネルヴァ書房、2000年

安彦忠彦『自己評価――「自己教育論」を超えて』日本図書文化協会、1987年

終　章

世界の中の日本の家庭科

はじめに

ここまで13章にわたって、小学校５年生から高等学校における家庭科の授業をどのようにつくっていくか、授業シナリオ、教材、学び合いや子どもたちの実態を踏まえ、さらに評価を通してブラッシュアップすることを考えてきた。しかしこれは日本の教育課程の中の家庭科という枠組みで可能となる。日本の家庭科は生活力と課題解決力を実践と結びつけて学べる、世界に誇れる教科である。しかし、世界各国が同じ教科枠組みであるとは限らない。終章では、家庭科的な学びが世界のどのような教科枠組みで教えられているのかを確認しながら日本の家庭科の特徴を理解したいと思う。

第１節　各国で相違する国家基準の教育課程

仲本は、科学とは理論化され体系づけられた知識であり、その知識は人間に生きる手段を与え、生きる希望を与えるものであるという［仲本 1985］。生きる手段を与える知識とは、衣食住の要求を満たすための物的財貨の生産に必要な知識、例えば天文学や分配のための数学などであり、生きる希望を与える知識とは未来への展望を切り拓く。科学は、はじめ未分化な知識の総体として出発し、人間生活の進展とともに分科しており、「科学」とは「分科した学」から転じたといわれている。

多くの国でこの科学の知識体系を学ぶ公的な学校教育制度をつくり、教育を行っている。学校では科学を分類し体系化して教えており、その枠組みを教科と呼ぶ。教科の分け方は国によって異なる。各国の教科の分け方や配置、学習時間などの決まりを国家基準の教育課程（National Curriculum）と呼ぶ。

諸外国の教科等については**表1**（次頁）の通りである。この表によれば、どの国でも国語、社会、算数・数学、理科は必修であるが、家庭科が設置されている国は日本、アメリカ、イギリス、フィンランド、シンガポール、中国、台湾、韓国であり、そのうちどこかの学年で必修となっているのは日本、フィンランド、中国、韓国に留まる。

男女平等な国造りの取り組みの中で、日本は家庭科、技術・家庭科を男女がともに学ぶ教科としたが、イギリスはTechnology（技術）とHome Economics（家庭）の２つの教科のうち技術だけを男女必修とし、家庭科を削除することで男女平等な教育課程に変更した。イギリスの技術では食物や衣料に関する内容を取り上げており、これまで家庭科で行ってきた学習内容の一部が技術で学習されることとなり、家庭科の学習が削除されたことを補うこととなった。ただし、技術で扱う内容は生産現場での技術であり、消費生活と関わる内容とは相違する。また、日本の家庭科では、少子高齢化が進展し、消費経済が高度に発達を遂げる中で生じた、出産や子育て問題、健康寿命延伸のための食育への取り組み、高齢者問題、さらに消費者問題などを取り上げるようになってきた。イギリスではこうした問題は「シティズンシップ」教科で行われているものが多い。このように、国民が身につけるべき知識技術をどんな教科枠組みで取り上げるかは、各国の教科枠組みによって異なる。

表１　諸外国の教科等の履修状況

教科等	日本		アメリカ 小ワシントン 中ミシガン		イギリス		フランス		ドイツ ベルリン市	
	小	中	小	中	小	中	小	中	小	中
国語	◎	◎	◎	◎	◎	◎	◎	◎	◎	◎
社会	○	◎	◎	◎	＊２	＊２	◎	◎	◎	◎
算数・数学	◎	◎	◎	◎	◎	◎	◎	◎	◎	◎
理科	○	◎	◎	◎	◎	◎	◎	◎	◎	◎
生活	△						△世界の発見			
音楽	◎	◎	□	□	◎	◎	◎芸術に含む	◎	◎	◎
美術		◎	□	□	◎	◎	◎	◎	◎	◎
図画・工作	◎			□						
家庭	○＊1	◎		□	＊３	＊３				
技術		◎		□	◎	◎	○	◎		
体育	◎	◎	□	□	◎	◎	◎	◎	◎	◎
保健体育	○	◎		□						
健康教育				□						
情報				□	◎＊４	◎＊４				
外国語	○	◎		□	☆	◎	◎	◎	○	◎
総合的な学習の時間	◎	◎						○発見過程		
シティズンシップ					▲☆	◎	○			
道徳	◎	◎			□＊５	□＊５	○			
宗教					◎	◎				
特別活動	◎	◎						◎学級生活の時間		
進路指導				□	○	◎				
選択教科		●						●		●プロフィール
その他				単位制	☆性教育	◎性教育		◎個別学習指導１年	◎事実教授	

◎必修　○中高学年で必修　△低学年で必修　●選択　▲低学年選択　☆高学年選択　□学校裁量
教科の対応関係について：各国の教科校正の事情はそれぞれであり、あくまで目安として示している。

＊１　５年～
＊２　地理、歴史、市民性の各教科で実施され、日本の社会に相当する教科概念はない
＊３　技術に含む。日本の家庭に相当する教科概念はない
＊４　ICTからコンピュータへの名称変更の可能性あり
＊５　人格・社会性・健康・経済教育として、学校裁量で時間を設置している。
＊６　品徳と生活／品徳と社会
＊７　品徳思想

フィンランド		オーストラリア		シンガポール		中国		台湾		韓国	
小	中	小	中	小	中	小	中	小＊9	中＊9	小	中
◎	◎	◎	◎	◎	◎	◎	◎	◎	◎	◎	◎
◎	◎	◎	◎	◎	△	○＊6	◎	○	◎	○	◎
◎	◎	◎	◎	◎	◎	◎	◎	◎	◎	◎	◎
◎	◎	◎	◎	◎	◎	○	◎	○＊10	◎＊10	○	◎
						△＊6		△			
◎	◎	◎	◎	◎	△☆	●必修選択	●必修選択	◎芸術と人文	◎芸術と人文	○	◎
◎	◎	◎	◎	◎	△☆					○	◎
◎手工	◎手工										
	◎				△	○＊8	◎＊8	□＊11	□＊11		◎
◎手工	◎手工				△☆	○＊8	◎＊8	○＊10	◎＊10		◎
		◎	◎	◎				◎健康と体育	◎健康と体育	○	◎
		◎	◎		●	○総合実践活動＊8	◎総合実践活動＊8	□	□		
○	◎	○	◎	◎	●	○	◎	○	◎	○	◎
						○総合実践活動＊8	◎総合実践活動＊8	◎	◎		
		○	◎	◎	◎			＊13	＊13		
				◎	◎	◎＊6	◎＊7	＊13	＊13	○	◎
◎	◎										
				◎	◎	◎	◎				
	◎				◎						
◎	◎			☆	☆			□	□		◎
◎芸術系選択	◎芸術系選択	○コミュニケーション ○思考 ○個別	◎コミュニケーション ◎思考 ○個別	◎母語	◎母語	□	□			○実科 ◎創造的体験	◎創造的体験

＊8　情報（「情報技術」と家庭／技術（『労働技術』）の内容は「総合実践活動」に含まれる）
＊9　「国語（文）」(標準中国語）と各エスニック／グループの言語からなる。
＊10　自然と生活の科学技術
＊11　「家政教育」が教科横断的に取り組むべき７つの重要議題の１つとされる
＊12　「情報教育」が教科横断的に取り組むべき７つの重要議題の１つとされる
＊13　社会学習領域に含まれる

出所：［勝野 2013：2-3］をもとに作成

第2節　世界の家庭科の教育課程

家庭科は各国でさまざまな教科名で教えられている。またその内容も必ずしも同一ではない。**表2**に示した10カ国の家庭科の学習内容の特徴は、大きく2つに分けられる。1つは食物や被服などの作る技術を中心に取り上げられているもので、イギリス、フランス、ドイツなどヨーロッパの各国がそのグループに入る。特にイギリスはその典型であり、技術は職業教育における生産技術習得に特化している。家族や自身のライフスタイルについては他の教科（PSJE）で教えられている。

一方、韓国をはじめとするアジアでは、自身のライフスタイルをどうつくりあげていくかがその中心になっており、生活技術だけでなく、家族や消費者問題、環境などの今日的な生活問題につながる学習が展開されている。こうした生活をトータルに捉える家庭科は、アメリカやフィンランドなども同様である。日本と韓国は第2次世界大戦後、アメリカのCIEがその教育課程を形成したことから、アメリカの教科構造から影響を強く受けているといえよう。

グローバル化経済が進展する中で、1人ひとりの生活行動が地球規模の問題に直結し、より一層「Think Globally, Act Locally（地球規模で考え、身近な地域で行動しよう）」が求められている現代社会では、自身のライフスタイルをさまざまな観点から考え、問題を解決していく力が求められる。そのためには、ある側面に特化せず、個々人のライフスタイルを将来に向けてどのように創り上げていくかにつながるトータルな学びが求められている。どの教科枠組みでどんな内容を教えるかはその国によって相違していることから、家庭科の内容だけで学習内容の善し悪しはいえないが、家庭科という教科枠組みの中で、生活をトータルに捉え、自身の生活課題を解決していく力を付けるような内容構造になっていることは、現代社会で求められている学びであるといえよう。

表２　各国の家庭科的内容の科目名とその内容

国	科目名	学習内容など
米国（ミネソタ州）	Family and Consumer Science	２家族と資源の消費、４乳幼児の教育とサービス、７家族と地域サービスに必要な知識、技能と実習、８食品の製造と供給の職業に必要な知識、技能と実習、９食品化学と食事・栄養、12人間の発達、13人間関係、14栄養と健康、15親の役割（数字は全国標準の番号）
カナダ（ブリテッシュ・コロンビア州）	Home Economics	（８－10年生）需要と欲求の確認、食物資源の利用、被服資源の利用、成長と発達の養成 （11・12年生）家族研究、カフェテリアトレーニング、所為供物研究、被服研究
イギリス	Design and Technology（DT） Personal, Social and Health Education（PSHE）	（DT）Ａ知識、スキル、理解（①アイデアの開発、②製作のプロセスと製品の評価、③材料と制作方法の知識理解）Ｂ学習の範囲（フードテクノロジー、テキスタイルテクノロジーが中心課題） （PSHE）Ａ知識、スキル、理解（①自信と責任の発達、及び能力を生かすこと、②市民としての活発な役割を果たすための準備、③健康で安全なライフスタイル、④良好な人間関係の構築と差異の尊重）Ｂ学習の範囲（家族、家庭経営、高齢者問題、消費者問題と環境、健康等を含む）
フランス	Vie sociale et professionnell（社会・職業生活）	日本の家庭科に関する内容の一部は、下のように複数教科に散在している。 小学校：３－５年生「科学・テクノロジー」 中学校：１－４年生「テクノロジー」 高校（職業）：１－３年生「社会・職業生活」 「社会職業生活」は消費、企業、保健、環境の４領域
ドイツ（バーデン／ウェルテンベルク州）	Textiles Werken（布地製作） Hauswirtschaft/Textiles Werken（家庭科／被服製作）	布地製作（１／２年生）：布地、織物、刺繍、染色、カバー、（３年生）結ぶ、縫う、染色、織る、（４年生）織物の組み合わせ、織物技術、 布地製作／被服製作（６年生）調理、被服製作、（７年生）商品、被服製作、食品の購入と調理、（８年生）職業分野、技術化、食物、栄養、被服、環境と被服、（９年生）家族の生活、保育、被服、住環境、（10年生）食物と環境、被服と環境、家事決定
韓国（第３節参照）	実科（小学校）、技術・家政科（中学校）、家政科学（高等学校）	小学校：家族の仕事の理解、生活技術、生活資源と環境の管理 中学校：家族と仕事の理解、生活技術、生活資源と環境の管理 高等学校：家政科学、家族生活、消費生活、食生活、衣生活、住生活
台湾	家政教育課題（小中学校）、家政（高等学校）	家政教育課題：①食生活、②衣生活、③生活管理（住居環境と住居安全、生活礼儀、生活技術、消費者教育、生活資源の利用と管理）、④家庭（心身の発達、家庭内の意思疎通と人間関係、家庭文化） 家政：①衣生活、②食生活、③家庭
シンガポール	家庭科	食物と栄養、被服、消費者教育の３分野
香港	Home Economics	中学校：１家庭経営（①食物と栄養、②家族／家庭／住生活／消費者教育／被服管理／地域／環境）２被服製作（①デザインとドレスセンスの発達、②機器・道具、③パターン構成、④衣服の構成、⑤テキスタイル） 高等学校：Ａ（①栄養、食物、消費者教育と金銭管理②デザインとパターン構成、テクノロジーと衣服構成）Ｂ（①住生活、児童保育、②テキスタイルの知識、ドレスセンスの発達と消費者教育）
フィンランド	Kotitalous（家庭科）	①ニーズと価値、意思決定と日々の活動、②資源と生活管理、③人間関係、礼儀と男女平等、④食品の選択、家庭管理、衣服などの管理、⑤健康と食事、⑥消費者問題、⑦家庭の役割、⑧環境、⑨国際社会と人間関係

出所：［国立政策研究所 2005］をもとに作成

第3節　日韓の家庭科教育の類似性と相違

1. 日韓の変化する家族・家庭生活と家庭科教育

現在、日本と韓国において少子化及び高齢化が急速に進行していることは国際的にも注視されており、家族の機能も大きく変化し、多様化してきている。

日本と韓国の近代の家庭生活の姿は、男は外で仕事を担当し、女は子どもを生み、家事と育児を担当するという性別役割分担が一般的であった。それに則って、両国の家庭科も性別によって女子は家庭科、男子は技術科を別々に学んでいた。しかし、現代は、男女平等社会への変化に対応して、女性の社会進出が増加し、伝統的な価値観が変化しており、「家庭」も

表３　日本と韓国の家庭科教科と教科書の編成

<table>
<tr><th rowspan="2"></th><th colspan="3">日本の家庭科（1998年、1999年告示の学習指導要領）</th><th colspan="4">韓国の家政科（2007年告示の教育課程）</th></tr>
<tr><th>教科名</th><th>教科書の編成</th><th>年間授業時数</th><th colspan="2">教科名</th><th>教科書の編成</th><th>年間授業時数</th></tr>
<tr><td>小</td><td>家庭
（必修）</td><td>５～６年用の家庭科の内容が１冊で編成されており、２年間使用することになっている。</td><td>５年生：60時間
６年生：55時間</td><td colspan="2">実科
（必修）</td><td>１冊に技術分野と家庭分野の２つの内容が含まれているが、５年生用１冊、６年生用１冊、計２冊の編成になっている。</td><td>５年生：68時間
６年生：68時間</td></tr>
<tr><td>中</td><td>技術・家庭
（必修）</td><td>１～３年生用の技術分野１冊と１～３年生用の家庭分野１冊の計２冊の分野ごと教科書となっている。</td><td>１年生：70時間
２年生：70時間
３年生：35時間</td><td colspan="2">技術・家政
（必修）</td><td>技術分野と家庭分野が１冊にまとめられ、１年生用、２年生用、３年生用の学年毎の計３冊の教科書になっている。</td><td>１年生：68時間
２年生：102時間
３年生：102時間</td></tr>
<tr><td rowspan="2">高</td><td rowspan="2">家庭
（選択必修）</td><td rowspan="2">「家庭基礎」「家庭総合」「生活技術」の３つの科目から１つを選択必修する。教科書は各科目別に１冊で、開設学年でその１冊を使用する。</td><td rowspan="2">２単位または４単位</td><td rowspan="2">技術・家政</td><td>（必修）</td><td>科目は１つで選択。
技術分野と家庭分野が１冊の教科書にまとめられ、１年生がその１冊を使用する。</td><td>６単位</td></tr>
<tr><td>（選択必修）</td><td>「農業生命科学」「工学技術」「家政科学」「創業と経営」「海洋科学」「情報」があり、中から１つを選択する。教科書は各科目別に２～３年生用の１冊である。</td><td></td></tr>
</table>

「技術」も男女が共に必修として履修する科目となっている。日本と韓国の国家カリキュラムにおける家庭科の編成は**表3**の通りである。

このような時代の変化は、家庭科の学習内容にも影響されている。男女平等や家族についての学習は日本でも韓国でも家庭科で取り上げられており、重要視されている。したがって、両国の家庭科教育の現状及び課題を相互に学びあうことは、今後の家庭科教育を検討する際に大きな示唆を与えるものと考えられる。このようなことから、次に韓国の家庭科（「実科」「技術・家政」）の内容をみてみたい。

2. 韓国の国家カリキュラムにおける家庭科の内容

日本と韓国の家庭科の学習内容は、国家カリキュラムに基づいている。そのため、国家カリキュラムの家庭科の内容を確認することで、家庭科の学習内容の全体を把握することができる。

韓国の「実科」及び「技術・家政」の国家カリキュラム基準の内容領域を**表4**（次頁）に示す。

韓国の家庭科教育課程では、学校段階別に、さらに学年別に衣食住、環境・消費、家族・家庭生活の領域に対する学習内容が定められている。家族・家庭生活領域は５学年の「Ⅰ　私の成長と家族」、７学年の「Ⅰ　青少年の理解」、８学年の「Ⅰ　家族の理解」、９学年の「Ⅰ　生涯設計と進路探索」「Ⅱ　家庭生活と福祉」、10学年の「未来の家族生活」「Ⅱ　家庭生活文化」で扱われている。教育課程解説実科（技術・家政）によると、「５～６学年は、自分と家族の日常生活と家庭の仕事に必要な基本的な素養を養うようにし、７～10学年では家庭生活と産業技術の世界に関する多様な経験を提供し、実生活に必要な能力を養い、生活の質を向上させ、未来生活を設計する進路探索の機会を提供する」と、示している。すなわち、小学校の「実科」から中学校、高等学校の「技術・家政」までの連携を考慮し、学校段階が上がるにつれて、児童期の生活から青少年期の生活に、自分の観点から家族や社会の観点に学習内容を深化・拡大させていることが分かる。

表４　韓国の家庭科教育課程の内容領域

小学校「実科」	中学校「技術・家政」	高等学校「技術・家政」
〈5学年〉 Ⅰ 私の成長と家族 1. 私と家族 2. 家庭の仕事と家族員の役割 Ⅱ 私の栄養と食事 1. 栄養と食品 2. 簡単な調理 Ⅲ 服を着ることと、管理 1. 私の生活と服装 2. 私の服管理 Ⅳ 快適な住居環境 1. 整理整頓と掃除 2. ごみの処理と再活用 〈6学年〉 Ⅰ 簡単な料理を作る 1. 簡単な食べ物準備 2. 食べ物作り Ⅱ 簡単な生活用品を作る 1. 手縫いで用品作り 2. 縫い物道具を利用した用品 Ⅲ 生活資源と消費 1. 生活資源の利用と管理 2. 生活時間とお小遣いの活用	〈7学年〉 Ⅰ 青少年の理解 1. 青少年の発達 2. 青少年の性と友達関係 3. 青少年の自己管理 Ⅱ 青少年の生活 1. 青少年の栄養と食事 2. 服装と自己表現 3. 青少年の消費生活 〈8学年〉 Ⅰ 家族の理解 1. 変化する家族 2. 家族関係 Ⅱ 家族の生活 1. 献立と食品選択 2. 衣服の選択と管理 3. 住居と居住環境 Ⅲ 家庭生活の実際 1. 食事の準備と礼儀 2. 服作りと直して着ること 3. 住居空間活用 〈9学年〉 Ⅰ 生涯設計と進路探索 1. 生涯設計と実際 2. 家庭生活と職業生活 Ⅱ 家庭生活と福祉 1. 生涯段階と家族福祉 2. 家族福祉サービス	〈10学年〉 Ⅰ 未来の家族生活 1. 配偶者の選択と結婚 2. 親になることと妊娠 3. 家族の世話 Ⅱ 家庭生活文化 1. 家族・消費生活文化 2. 衣食住生活文化

※「家庭生活」領域のみ示しており、「技術の世界」は省略

出所：［教育人的資源部 2007］をもとに作成

日本の国家カリキュラム内容領域は省略するが、学習指導要領解説家庭科編によると、「小学校では家族の一員としての視点、中学校では自己の生活の自立を図る重視されるが、さらに、高等学校家庭科では、社会とのかかわりの中で営まれる家庭生活への関心を高め、生活を創造する主体としての視点が重要となる」と示しており、韓国家庭科と同様、学校段階が上がるに連れて、学習内容及び視点が深化・拡大するようになっている。

両国の家庭科の国家カリキュラム基準における領域内容の柱立てから判断すると、家族・家庭生活領域が他の領域より多くなっており、重要視されていることが共通している。社会や家族の変化に対応して、それに関する学習が強く求められた結果であろう。

3. 日韓の家庭科教科書における家族・家庭生活領域の内容

両国とも家庭科教科書は国の検定で合格されたものを使用することになっており、複数の家庭科教科書が存在する。ここではそれぞれの国の教科書をランダムで1冊ずつ選び、章構成と内容を例にみてみたい。

まず、教科書の章の構成から家族・家庭生活領域の学習の順序を見ると、日本の家庭科教科書は、1人で暮らすとこから始まり、生涯の設計において、多様な生き方があること、また、結婚後においても離婚や再婚など、家族生活にもさまざまな形があることを学ぶ。その次に、家族生活文化として、家庭の機能の変化や少子高齢化、そして男女共同参画など、日本社会に関わる家族・家庭生活内容を学ぶように構成されている。

一方、韓国は、愛で結ばれた配偶者の選択及び結婚から始まり、それに関わる夫婦関係や親子関係を学んでいく。それを踏まえた上に、韓国の家族の生活文化及び他の国の家族生活文化、それから未来の家族生活文化というように、家族の視点を広めて学ぶように構成されている。

また、内容については、日本は変化している家族の役割、特にその中でも少子化や家庭生活における男女の役割の変化を重要な学習内容としている反面、韓国は変化する家族を述べていながらも、配偶者を選択するという結婚生活を最も重要に扱っており、さらには伝統的な通過儀礼も重視している。

このように、同じ家庭科、同じ内容領域を扱っていても、具体的な学習内容は両国で相違していた。以上を踏まえ、さらに新しく改訂された新国家カリキュラムによる教科書の内容を確認し、また、実際の授業ではどのように学習が展開されているのか検討していくことが求められる。

おわりに

技術的な学習だけに特化している国、手芸や家族、健康の学習を別々の教科で学んでいる国、自然科学と社会科学を統合して生活を総合的に学んでいる国など、世界の家庭科は様々であった。アジア圏、特に韓国と日本の家庭科は似ているが、だからこそ、その相違点やその背景、あるいは将来の発展の方向性を考えるきっかけを与えてくれる。一国の中にとどまらず、グローバルに家庭科を見ることによって、日本の家庭科の長所と短所が明らかになり、その教育を豊かにする方略がみえてくる。こうした視点を生かして、より良い家庭科教育を創り上げていきたいものである。

参考文献

勝野頼彦「教育課程の編成に関する基礎的研究報告書４」『諸外国における教育課程基準――近年の動向をふまえて』国立政策研究所、2013年、pp. ２～３

国立政策研究所「家庭科のカリキュラムの改善に関する研究――――諸外国の動向」2005年

仲本章夫「科学の対象と方法」家政学方法論研究会編『ホーム・エコノミクス――新家政学概論』ドメス出版、1985年、p. 85

教育人的資源部『技術・家政（実科）』2007年（韓国）

編著者紹介

大竹美登利（おおたけ・みどり）――序章・終章第１・２節

東京学芸大学教授。1973年東京学芸大学教育学部卒、博士（学術）、附属小金井小学校校長、理事・副学長などを経て、現在、教員養成カリキュラム開発研究センターセンター長。専門は生活経営学、家庭科教育。主な著書に、『東日本大震災ボランティアによる支援と仮設住宅――家政学が見守る石巻の２年半』（編著、建帛社、2014年）、『生きる力をそなえた子どもたち――それは家庭科教育から』（編著、学文社、2013年）、『安心して生きる・働く・学ぶ――高校家庭科からの発信』（監修、開隆堂、2012年）、『大都市雇用労働者夫妻の生活時間にみる男女平等』（近代文芸社、1997年）など。

執筆者紹介

池尻加奈子（いけじり・かなこ）――第10章

東京都立清瀬特別支援学校教諭

伊深祥子（いぶか・しょうこ）――第13章

愛知教育大学講師

小野恭子（おの・きょうこ）――第２章

弘前大学講師

叶内茜（かのうち・あかね）――実践事例７（第9章）

東京学芸大学博士院生

菊地英明（きくち・ひであき）――実践事例３（第6章）

川崎市立中学校教諭

倉持清美（くらもち・きよみ）――第９章

東京学芸大学教授

後藤さゆり（ごとう・さゆり）――第８章、実践事例５（第8章）

共愛学園前橋国際大学教授

佐藤麻子（さとう・あさこ）――第12章

東京学芸大学附属小金井中学校教諭

鈴木民子（すずき・たみこ）……●実践事例８（第9章）

東京都立日野高等学校教諭

鈴木智子（すずき・ともこ）……●実践事例４（第7章）

東京都小学校教諭

平和香子（たいら・わかこ）……●実践事例2（第４章）

都留文科大学講師

冨田道子（とみた・みちこ）……●実践事例９（第11章）

広島都市学園大学准教授

中山節子（なかやま・せつこ）……●第１・３章、実践事例６（第8章）

千葉大学准教授

野田知子（のだ・ともこ）……●第４章、実践事例１（第4章）、第５章

元帝京大学教授

日景弥生（ひかげ・やよい）……●第６章

弘前大学教授

藤田昌子（ふじた・あつこ）……●第11章

愛媛大学准教授

藤田智子（ふじた・ともこ）……●第７章

東京学芸大学講師

松岡依里子（まつおか・えりこ）……●実践事例10（第11章）

大阪成蹊短期大学准教授

鄭暁静（ちょん・ひょちょん）……●終章第３節

東京学芸大学非常勤講師

（五十音順／敬称略／●は執筆担当箇所）※現職所属は執筆時

監修者紹介

橋本美保（はしもと・みほ）

1963年生まれ。1990年広島大学大学院教育学研究科博士課程後期中途退学。現在、東京学芸大学教育学部教授、博士（教育学）。専門は教育史、カリキュラム。主な著書に、『明治初期におけるアメリカ教育情報受容の研究』（風間書房、1998年）、『教育から見る日本の社会と歴史』（共著、八千代出版、2008年）、『プロジェクト活動――知と生を結ぶ学び』（共著、東京大学出版会、2012年）、『新しい時代の教育方法』（共著、有斐閣、2012年）、『教育の理念・歴史』（新・教職課程シリーズ、共編著、一藝社、2013年）、ほか多数。一藝社「新・教職課程シリーズ」（全10巻、既刊）を監修。

田中智志（たなか・さとし）

1958年生まれ。1990年早稲田大学大学院文学研究科博士後期課程満期退学。現在、東京大学大学院教育学研究科教授、博士（教育学）。専門は教育思想史、教育臨床学。主な著書に、『キーワード現代の教育学』（共編著、東京大学出版会、2009年）、『社会性概念の構築――アメリカ進歩主義教育の概念史』（単著、東信堂、2009年）、『学びを支える活動へ――存在論の深みから』（編著、東信堂、2010年）、『プロジェクト活動――知と生を結ぶ学び』（共著、東京大学出版会、2012年）、『教育臨床学――「生きる」を学ぶ』（単著、高陵社書店、2012年）『教育の理念・歴史』（新・教職課程シリーズ、共編著、一藝社、2013年）、ほか多数。一藝社「新・教職課程シリーズ」（全10巻、既刊）を監修。

教科教育学シリーズ⑦

家庭科教育

2015年８月24日　初版第１刷発行

監修者　橋本美保／田中智志
編著者　大竹美登利

発行者　菊池公男

発行所　一藝社

〒160-0014　東京都新宿区内藤町１－６
Tel. 03-5312-8890　Fax.03-5312-8895
http://www.ichigeisha.co.jp　*info@ichigeisha.co.jp*
振替　東京00180－5－350802

印刷・製本　シナノ書籍印刷株式会社

ISBN 978-4-86359-085-4 C3037